本书是国家发改委体改司委托课题“盐业体制改革进展及成效评估”“盐业体制改革总结评估”、北京市教育委员会社科计划重点项目“后专营时代京津冀食盐供应安全保障机制研究”（SZ201710037020）、2017年北京市“长城学者”培养计划项目（CIT&TCD20170316）的部分成果。

《盐业体制改革方案》实施效果评估：

基于2017—2018年的跟踪调研

王可山 郝玉柱 刘 华 著

中国经济出版社
CHINA ECONOMIC PUBLISHING HOUSE
·北京·

图书在版编目（CIP）数据

《盐业体制改革方案》实施效果评估：基于 2017—2018 年的跟踪调研/王可山，郝玉柱，刘华著．—北京：中国经济出版社，2020.4

ISBN 978-7-5136-6055-6

Ⅰ.①盐… Ⅱ.①王… ②郝… ③刘… Ⅲ.①制盐工业—经济体制改革—研究—中国 Ⅳ.①F426.82

中国版本图书馆 CIP 数据核字（2020）第 040868 号

组稿编辑 崔姜薇
责任编辑 贾轶杰
责任印制 马小宾
封面设计 任燕飞

出版发行 中国经济出版社
印 刷 者 北京建宏印刷有限公司
经 销 者 各地新华书店
开　　本 710mm×1000mm 1/16
印　　张 13.25
字　　数 188 千字
版　　次 2020 年 4 月第 1 版
印　　次 2020 年 4 月第 1 次
定　　价 68.00 元
广告经营许可证 京西工商广字第 8179 号

中国经济出版社 **网址** www.economyph.com **社址** 北京市东城区安定门外大街 58 号 **邮编** 100011
本版图书如存在印装质量问题，请与本社销售中心联系调换（联系电话：010-57512564）

前言
PFEFACE

2016年4月22日，国务院印发了《盐业体制改革方案》国发〔2016〕25号（以下简称《方案》），对盐业体制改革进行了全面部署。2017年1月1日，全面落实《方案》的各项任务。在此背景下，在国家发改委体改司的支持下，课题组针对《方案》实施和各项任务的落实，分别对2017年和2018年的情况进行了跟踪调研，旨在通过调研掌握各地盐业体制改革的进展，对改革中出现的新问题及时研究并提出解决办法，确保食盐安全和市场稳定，重大问题及时向有关部门报告。

两年多来，课题组先后赴河南省盐业公司、安徽中盐东兴盐业股份集团有限公司、福建厦门盐业公司、陕西中盐榆林盐化有限公司、中盐北京盐业公司、甘肃省盐业公司、甘肃兰州盐业公司、甘肃临夏市盐业公司、江苏省盐业公司、湖北蓝天盐化江苏扬州直销处、内蒙古盐业公司、内蒙古额吉淖尔盐场、内蒙古鄂尔多斯盐业公司、河北省盐业公司、河北兴隆盐业公司、四川自贡驰宇盐品有限公司、四川久大盐业（集团）公司等地进行生产、批发、零售等各环节实地调研。同时，为了更好地了解市场情况，2016年8月，课题组借助“问卷星”利用《食盐消费者行为特性调查问卷》，主要在京津冀、黑吉辽、山西和内蒙古地区进行了前期调研，获取1029份有效问卷。2017年8月，课题组设计了《盐业体制改革对消费者影响情况调查问卷》和《盐业体制改革进展及成效调查问卷》，对消费者和企业进行调研，分别获得有效问卷233份和158份。2018年10—11月，课题组利用《盐业体制改革对消费者影响情况调查问卷》调研了584名消费者，利用《盐业体制改革总结评估调研问卷》调研了 15 家盐业公司和生产企业。2019 年 1—8 月又对食盐消费者进行补充调查，获得 1181 份调查问卷。

调研表明，《方案》实施以来，在国家发改委、工信部的统筹部署下，各地制定了相应的《盐业体制改革实施方案》。总体来看，我国食盐市场表现平稳，没有出现大的波动。盐业体制改革使消费者的多样化需求得到满足，食盐生产企业有了市场竞争意识和品牌意识，盐业公司更加关注探索新的食盐产销方式，积极推进战略转型。尽管如此，《方案》实施以来食盐市场也出现了一些新情况，主要表现为：食盐市场格局发生变化，竞争加剧；食盐市场多品牌、多品种并存，监管难度加大；对改革目的的理解存在一定偏差，市场短期表现有些混乱；如何扩大市场占有率成了食盐生产企业和盐业公司关注的焦点，食盐质量安全监控和特殊地区碘盐供应有待进一步加强。

根据两年的跟踪调查研究，笔者认为如下事项应该引起关注：第一，剥离食盐批发企业承担的行政管理职能后，基本实现了政企分开，但其效果尚未充分显现。而且由于市县级盐业改革“政企分离”滞后，为了维护当地企业自身利益，导致地方保护主义仍然存在。第二，省级层面的配套政策对一些重大改革问题进行了明确，但落地细则略显单薄，有待进一步的细化和完善。如食盐储备问题，盐政执法人员的分流安置问题，有关渠道建设、配送方式等问题。第三，食盐质量安全应重点关注。允许生产企业进入销售和流通市场后，个别生产企业盲目追求经济效益，在食盐生产过程中有意或无意忽略了产品的质量。有的生产企业为降低成本，甚至降低了食盐质量标准。部分多品种盐有不同的适宜人群和不宜人群，应强制性实施标注。跨区销售，碘含量标准问题成为食盐质量安全的隐患，可能影响科学补碘工作。谨防以工业盐冒充食盐。第四，新的市场监管体系正逐步建立，但仍有待健全完善。地方盐业主管部门缺乏必要的市场监管经验，缺乏人力、经费、装备和其他保障，存在降低食盐市场监管和安全保障能力的风险。第五，防范碘盐覆盖率下降风险，尤其是偏远贫困地区的碘缺乏病防治问题。盐改后食盐市场销售主体多样化，负责食盐加碘工作的主体责任分散化，效率有所降低。第六，食盐行业产能过剩问题。食盐行业供过于求、产能过剩问题比较突出。产业集中度低，市场竞争主体众多，竞争实力不强，制盐行业总体仍处于“多、小、散、弱”的粗放型经营阶段，各企业盐改初期为快速抢占市场，导致市场无序竞争。第七，大部分盐业企业效益下降。虽然一些基础较好，掌握了较多资源，对本次食盐改革准备充分的企业，其市场占有率得到了一定提升，但是受市场竞争的影响，利润有所下降。大多数原食盐批发企业由于长期受计划经济的影响，对食盐市场化认识和准备不足，导致企业市场份额和经济效益大幅下滑，企业经营受到严重影响，食盐批发企业和食盐生产企业均未能获得盐改预期红利。第八，消费者对整个食盐行业及盐改的目的和内容等缺乏认知。对一些关于食盐行业、产品和改革的负面信息，消费者普遍缺乏理性判断。市场上的食盐品类明显增加，面对众多的选择，消费者显得无所适从。消费者对碘盐认知不足，存在盲目、片面选择无碘盐现象。

根据研究结果，笔者的建议是：①加快处理好政企分开遗留问题，食盐市场监管应进一步加强，行政管理职能的移交和部门的转变不应导致相应的管理职能弱化或缺失。应继续深化盐业行政管理职能改革，对编制调整、盐业执法经费来源、人员安置等问题应引起足够重视，尽快建立和完善新的专业化盐业监管体制。在改革不断推进过程中，要正确引导社会舆论，广泛动员社会力量参与食盐安全监督，确保食盐安全和市场稳定。②加强盐业体制改革配套措施落实。强化《方案》中提出的“各省级人民政府对本行政区域内盐业体制改革负总责”的要求，鼓励各地完善改革的地方配套措施，加强新形势下食盐市场监管，维护食盐市场秩序稳定。对新的《食盐专营办法》中有些模糊的概念和规定进行修订完善，出台可操作、可落地的补充实施细则。盐业企业要不断深化内部改革，切实转变长期存在的经营机制不活、效率不高、吃大锅饭的问题，积极应对盐业体制改革下新的市场竞争格局，尽早适应改革的要求。③政府负责边远贫困地区的碘盐供应工作。将边远贫困地区的碘盐供应工作由企业行为转变为政府行为，可由卫计委、中国疾病预防控制中心和各地区食盐定点企业协同完成碘盐的发放工作。对于其他地区，也需要卫生部门根据不同地区的碘缺乏状况有针对性地进行宣传，消费者可以根据自己的需求选择不同碘含量的碘盐。对于无碘盐，建议由当地盐业公司作为当地无碘食盐的唯一供应商，以防止无碘盐销售泛滥。④允许委托代理商参与经营。建议允许食盐定点批发企业在不能直达零售终端的地区，通过委托代理商来进行经营。⑤将食盐纳入一般食品经营中，取消专营管理。⑥发挥行业自律作用，引导行业健康稳定发展。盐业协会要多角度反映行业心声和利益诉求，引导和监督盐企形成行业自律，负责协调会员单位之间的相互关系，开展食盐知识宣传和盐的生产、使用等方面的调查与研究，为会员提供信息服务。

北京物资学院中国盐业研究中心

2019 年 11 月

目 录
CONTENTS

第一章　我国盐业管理体制改革进程

2016年4月22日，国务院印发了《盐业体制改革方案》（国发〔2016〕25号，以下简称《方案》），对盐业体制改革进行了全面部署。从2017年1月1日开始，全面落实《方案》的各项任务。在此背景下，本书开展的研究旨在通过调研掌握各地盐业体制改革的进展情况，对改革中出现的新问题及时研究并提出解决办法，确保食盐安全和市场稳定，重大问题及时向有关部门报告。

我国目前的食盐管理体制是自古就业已存在的食盐专营体制的延续，因此，有必要阐述我国历代食盐经营管理制度演变及其实施目的，以及新中国成立后到改革开放前我国盐业管理体制状况。因为重点探讨改革开放以来我国盐业管理体制改革进程，分析各阶段的主要特征，发现问题并总结取得的成效，对深刻理解《方案》颁布的背景、实施的效果以及调查研究中发现的问题具有重要意义。

一、我国食盐经营管理制度的演变（从古代至改革开放前）

我国最早生产的盐是食盐，我国历代实施的食盐经营管理制度，基本上采用的是专营体制。专营是对商品资源的生产和流通实行集中管理和垄断经营，通常认为专营是指“国家为了对一些投入少、收益大的稀缺资源进行经营垄断，或为了特殊的公共安全的需要而规定某类业务只能由国家设立的专营公司经营的法律制度”①。

① 翟业虎．侵犯“黄页”专营权案法律评析［J］．法学，2002（10）：80.

（一）我国古代至新中国成立前的食盐经营管理制度演变

食盐专营在我国有着2600多年的历史，最早开始于春秋时期的齐国。管仲被认为是中国食盐专卖政策的创始人，管仲提出的富国策“唯官山海为可耳”。其“官”即为“管”，由国家统一管理、专营；“山”即为开矿铸铁，“海”即为用海水煮盐。“官山海”就是由国家专营盐铁。战国时期的秦国在商鞅变法时，实行了比齐国更严厉的食盐专卖政策。汉初开放民营，使经营盐铁的商人富比王侯，汉武帝迫于财政压力和对商人“财累万金而不住公家之急”的反感，在桑弘羊的主持下“笼盐铁”，将盐铁的经营收归官府，实行专卖。在三国时代及入晋以后，统治者均实行的是食盐官营专卖制。唐朝初期实行食盐自由贩卖，不收盐税，安史之乱时为军需计改征税官卖。安史之乱后，刘晏（公元715—780年）在宝应元年（公元762年）作为两淮盐区转运使，在继承前任盐法的基础上创行“榷盐法”，推行“平准法”，以改变当时的财政紊乱状况。刘晏在两淮创行的“榷盐法”，就是把“官运官销”改为“商运商销”，把盐税加入盐价之中，就场销售给商贩。缴价之后方令出场，任其所之，因而又称作“就场专卖制”。[①] 通过刘晏的改革，“天下之赋，盐利居半”。刘晏就场专卖制的创立，标志着中国古代盐政制度的成熟，唐以后历代中央政府的盐政制度，大抵只是在刘晏旧制的基础上，加以因革损益或适当变通而已。[②]

此后，历朝历代都加强了盐专卖，对铁则实行征税制，不再与盐同例看待。盐铁专卖使封建国家获得了可观的收益，特别是盐，一直是历代封建政府牢牢掌握的最重要的专卖商品，其收入是历代政府的重要财源。

在我国历史上，盐铁官营制度时存时废。通常，国力强盛时，对盐铁的控制相对较少；而国力衰落时，盐税收入就成了国库收入的重要来源。食盐作为生活必需品，需求价格弹性小，消费量稳定，可以通过提高价格、寓税于价的方式提高国家的财政收入，如早在魏晋南北朝时期盐税占

---

① 卢正兴．刘晏与两淮盐法［J］．苏盐科技，1994（4）：27.

② 马林涛．刘晏榷盐法与中国古代商业政策之转型［J］．许昌师专学报，2000（4）：78-82.

到国家整个收入的80%甚至90%左右，宋朝时期盐利则占全国税赋的2/3，到了元朝更是占到了80%，明清时期的税赋“其半取给于盐”。到1914年，我国盐税收入达到6848万元，比上年的1904万元增加了2.5倍以上，[①] 很快“盐税收入的数额跃增到仅次于关税”，成为中央政府的第二大税源，并仍逐年递增，到1927年的盐税收入达8524万元。[②] 食盐专卖使封建社会历代统治者获得了可观的收益，因此，食盐也是历代封建政府牢牢掌握的最重要的专卖商品，其收入是历代政府的重要财源。

（二）新中国成立后至改革开放前我国盐业经营管理制度

新中国成立以后，我国盐业经营管理体制总的基调是政府主导的计划管理方式。1949年11月24日，财政部召开第一次全国税务会议，拟定《全国税政实施要则》，确定全国范围的税收为包括盐税在内的14种，明确了盐税作为一个单独的税种，由财政部下设盐务总局负责管理全国盐的生产和盐税征解。1949年12月5日，财政部召开第一次全国盐务会议，会议为统一盐政、保证民食与国家收入，做出《关于1950年全国盐务方针任务的决定》和《关于全国盐务机构组织的决定》。1949年12月26日，贸易部召开全国大城市供应会议，决定建立粮食、花纱布、煤业建筑器材、盐业、百货、猪鬃、油脂、土产、茶叶、矿产、石油、进口12家专业公司。

1950年1月20日，政务院颁布《中央人民政府政务院关于全国盐务工作的决定》，提出：①关于制盐，采取公私兼制，按销定产，提高质量，增加产量，减低成本的方针。②关于运销，规定全国划分七大销区，采取公私兼运兼销方针，凡产销分开的地区，运销由盐业公司负责。③关于税收，采取“提高税额”与“税不重征”的方针，各区税额统一由中央确定，征收时“从量核定，就场征收”。④关于缉私，基本上要依靠组织群众缉私，但亦应适当扩大缉私武装，使产区与销区缉私相结合，并配合其

---

① 北洋政府时期历年盐税收入统计表（1913—1928年）[M]//南开大学经济研究所经济史研究室．中国近代盐务史资料选辑（第一卷）．天津：南开大学出版社，1985：447.

② 【美】杨格．一九二七至一九三七年中国财政经济情况[M]．北京：中国社会科学出版社，1981：21.

他缉私，以收互助之效。⑤关于盐务分工，除西北与内蒙古维持现状外，华北、华东、中南等区的运销工作，统一由贸易部门指定其各级盐业公司负责，西南另定。生产、税收、缉私确定仍由财政部门的各级盐局负责。⑥关于盐务机构，规定全国盐务管理机构实行五级制，即盐务总局、大区盐务管理局、总局直属或区属省级盐务管理局、盐场管理处和分场、场务所。[①②] 1950 年 2 月 15 日，中国盐业公司正式成立。中国盐业公司主要负责经营华北、华东、中南三大区盐的采购、运输、调拨、销售、保管及出口业务，其职能还包括扶持合作社的发展、草拟购运销及出口计划和工作章程、批准所属各单位的业务与财务计划并进行监督指导、制定食盐批发价与出口价等。1950 年 3 月 8 日，中国盐务总局正式成立。[③]

1952 年 8 月，为了加强商业工作和使国内贸易与对外贸易更好地为即将开始的第一个五年计划经济建设服务，国家撤销了贸易部，分别成立了中央人民政府对外贸易部和中央人民政府商业部。1953 年以前，我国实行的是产销分管的盐业经营管理制度。1953 年 12 月 12 日，中财委颁布了《关于盐业产销统一领导的决定》，规定商业部所属中国盐业公司系统全部移交轻工业部，并由轻工业部统一领导产、销的经营管理工作。东北、内蒙古盐业运销业务仍由粮食部门负责领导不变。1953 年 12 月 31 日，轻工业部和商业部发出《为明确盐业产销统一领导后的几个问题的联合通知》，要求盐务总局和中国盐业公司的组织机构同时并存，西南、西北及两广区的产、运、销组织维持原状，由盐务总局直接领导；有销无产地区，保持盐业公司的组织不变；有销有产的地区，公司、盐局采取联合行文办法进行领导。[④]

1954 年 4 月 1 日，中国盐业公司并入盐务总局，总局内部增设了相应的运销机构。盐业管理实行高度集中的计划管理，是一种工商管、工贸合一的管理体制。1956 年 5 月 12 日将盐业划归食品工业部领导。1958 年 2

---

① 新中国成立以后的盐专卖制度［N］. 中国财经报，2014-09-30.

② 张荣生. 中国历代盐政概说［J］. 盐业史研究，2007（4）：24-33.

③ 新中国成立以后的盐专卖制度［N］. 中国财经报，2014-09-30.

④ 新中国成立以后的盐专卖制度［N］. 中国财经报，2014-09-30.

月食品工业部并入轻工业部，盐务总局归轻工业部领导。1958 年，随着中央直属企业的下放，盐务总局改为制盐工业局，盐税划归税务总局。省级直属产销企业下放后，盐业管理机构多数被撤并，生产并入轻工业局，运销并入商业、供销或粮食部门。这种“地区分管”“产销分管”的体制持续到 1963 年。[①] 1964 年中央决定试办托拉斯，恢复统一管理模式，加强了专业管理。但 1966 年“文革”爆发，盐业托拉斯受到批判。1968 年 11 月，盐务总局和中国盐业公司（盐业托拉斯）解体，统一管理的组织机构被削弱或瓦解，[②] 仅在第一轻工业部的生产业务组内设了一个仅有 2 人的盐业组管理全国的盐业工作。1978 年 3 月，轻工业部成立盐务局，作为主管盐业工作的国家政府部门，负责全国盐业行政管理。

这一时期的盐业管理体制虽然没有明确说明是“专营”体制，但实际上从新中国成立起，通过一系列的实行计划经济管理的政策和措施，对盐业生产经营活动一直采取国家计划管理，即整体上是采取专营的办法，只是专营的目的不再是增加财政收入，因为盐税在我国财政收入中的比重已明显降低，1950 年只占到 5.49%，[③] 以后的情况更是如此（目前食盐的资源税、增值税、教育费附加及地方教育费附加等计算在内，约占食盐零售价格的 8%左右，按普通食盐每吨零售价格 4000 元计算，每年销售 900 万吨，税额不足 30 亿元，约占 2017 年 12.6 万亿元税收总额的万分之二）。显然，这一时期实行这样的盐业管理体制主要是因为食盐是生活必需品，且具有不可替代性，专营可以保证供应（特别是边远地区的供应）和价格稳定。

我国从 1978 年改革开放到如今已经 40 年，盐业体制改革取得了显著成效，盐业管理体制不断完善，有力地促进了盐业的发展。这不仅充分满足了化工行业的市场需求，而且有效满足了人民生活的需要，特别是碘盐普及取得了举世瞩目的成就，被誉为“世界的典范”。总体来看，改革开放以来，我国盐业改革可以分为三个阶段：改革探索期、改革尝试期和改

① 黄群慧，钟宏武，张蒽，等．中国盐业总公司考察［M］．北京：经济管理出版社，2013：31.

② 程龙刚．新中国盐业管理体制 50 年回眸［J］．盐业史研究，2000（1）：39-44.

③ 郝成．中盐集团仅是名义垄断者整个国盐系统都反对改革［N］．中国经营报，2014-05-03.

革实施期。

二、我国盐业管理体制的改革探索期（1978—1991 年）

（一）改革进程

1. 成立中国盐业总公司，恢复盐务总局

党的十一届三中全会开启了我国改革开放的伟大征程。1980 年 2 月，根据国家关于按专业协作原则改组企业的要求，国家经委经国务院审批同意成立了中国盐业总公司（以下简称中盐总公司），同时恢复盐务总局，与中盐总公司一套机构两块牌子，构成既有企业性质，又有管理职能的行政机构。[①]

此外，中盐总公司上收了天津、河北的四大中型盐业生产企业和京、津、沪三大市场的运销企业，管理全国盐的生产、调运、批发销售和存盐安排，总体效果良好。中央层面确立了政企合一的管理体制，地方盐业管理也实现了政企合一和地方与中央主管双重领导的构架。

2. 撤销盐务总局，成立中国盐业协会

1987 年 3 月，按照《中共中央关于经济体制改革的决定》（1984 年 10 月 20 日中国共产党第十二届中央委员会第三次全体会议通过）精神，实行政企职责分开，盐务总局与中盐总公司进行了内部职责分开和机构分设。1988 年 7 月，作为政府机构改革试点单位，轻工业部又撤销了“盐务总局”的牌子，并将中盐总公司改为经营、开发、服务型的经济实体，同时成立了中国盐业协会，形成现代盐业的“公司+协会”一体双职组织结构。

中盐总公司下设分公司专司我国盐业生产经营管理，中国盐业协会作为一家与盐业相关的企事业单位、社会团体，科研、教育、勘察设计单位及个人自愿结成的行业性的、全国性的非营利性社会组织，负责我国盐业的行业管理，是一个跨地区、跨部门、跨不同所有制的行业组织。

---

① 钟长永．当代中国盐业 50 年［J］．盐业史研究，1999（3）：3-11.

3. 发布《盐业管理条例》，中盐总公司领导省级盐务局

1990 年 3 月 2 日，为加强盐资源的保护和开发，加强盐业管理，促进盐业生产发展，保证盐的正常运销，国务院发布了《盐业管理条例》（中华人民共和国国务院令第 51 号）。根据《盐业管理条例》，轻工业部是国务院盐业行政主管部门，主管全国盐业工作。省及省级以下人民政府盐业行政主管部门，由省、自治区、直辖市人民政府确定，主管本行政区域内的盐业工作。1990 年 5 月，轻工业部下放直属生产企业，授权中盐总公司行使行业管理职能，形成中盐总公司领导省级盐务局的局面。①

1991 年 5 月 11 日，轻工业部、国家计划委员会、财政部、商业部颁布《国家储备食盐管理办法》，明确规定储备食盐的管理实行“统一管理，分级负责”的原则，轻工业部是国家储备食盐的主管部门，具体工作授权中国盐业总公司办理。各地的管理工作在省、自治区、直辖市人民政府的领导下，由主管盐业的厅、局（社）、盐业公司（盐务局）或兼营公司及所属的保管单位逐级负责。

1991 年 6 月 6 日，轻工业部颁布《盐业行政执法办法》（轻工业部令第 2 号），规定盐政执法是指各级盐政执法机构及执法人员，对《盐业管理条例》及其他盐业法规、规章贯彻执行情况的监督检查，制止和纠正盐业违法行为，以及依法对盐业违法行为进行处罚，同时要求各级盐业行政主管部门设立盐政执法机构，负责本辖区内的盐政执法工作。自此以后，盐业管理机构趋于稳定。

4. 对食盐企业实行利改税、扩大企业自主权及经营承包责任制

随着盐业行政管理体制的改革，经济管理体制方面也进行了一系列改革。首先，实行利改税。从 1983 年起，对食盐企业实行利改税；1985 年 3 月，又实施了第二步利改税。其次，扩大企业自主权。1984 年 5 月，根据国务院《关于进一步扩大国营工业企业自主权的暂行规定》，提出国企可以拥有生产经营计划权等 10 项自主权。于是，中盐总公司提出了扩大企业

① 黄群慧，钟宏武，张蒽，等．中国盐业总公司考察［M］．北京：经济管理出版社，2013：33.

自主权的实施意见，充分调动了企业的积极性，取得了明显的成效。最后，实行承包经营责任制。1986 年 12 月，国务院下发了《关于深化企业改革增强企业活力的若干规定》，提出要推行各种形式的经营承包责任制，给经营者充分的经营自主权。实行承包经营责任制，是盐业改革的一种尝试。实行承包经营责任制后，企业变压力为动力，促进了经营管理的改善，提高了经济效益。

（二）改革的主要特征和主要问题

1. 改革的主要特征：以行政管理体制改革为主，以经济管理体制改革为辅

这一时期盐业改革的主要特征是以行政管理体制改革为主，以经济管理体制改革为辅；盐业管理机构建立和逐渐健全，盐业管理体系不断规范，中央层面形成政企分离的盐业管理体制，地方形成政企合一的盐业管理体制；《盐业管理条例》的公布确定了全国及各省、自治区、直辖市盐业管理工作的分工；扩大企业自主权，进一步调动企业生产经营的积极性。

在这一时期虽然没有从制度层面明确食盐的专营体制，但实质上采用了专营的方式。这一改革没有充分考虑盐业特点，产生了诸多问题，盐业管理体制改革的呼声较大。

2. 面临的主要问题：盐价偏低且管得太死，碘缺乏问题突出

改革探索期面临的主要问题有盐价偏低并管得太死和碘缺乏问题突出两个方面。

第一，盐价偏低且管得太死。如食盐的出厂价、分配价、批发价、零售价和批零差率仍然沿用 20 世纪五六十年代计划经济的模式，价格偏低而且管得太死。1990 年后，由于我国对粮食等重要主副食品，火柴等日用工业品，钢材、木材、汽柴油、公路客货运价相继放开，因而生产食盐和运销食盐过程中所需的原材料、燃料、运输等都实行了市场定价，导致各种费用不断增加，而盐价调整则处于滞后状态，给生产企业带来极大影响，使其负担沉重，难以维持。出现这种状况的主要原因就是盐价管得太死，而且盐价调整滞后，造成一些盐业企业生产经营困难。因此，盐业企业要

求改革盐价，取消工业用盐指令性计划，食盐的生产、批发管住，零售放开，但对老少边穷地区实行最高限价。

第二，碘缺乏问题突出。我国多数地区都存在程度不同的碘缺乏问题。20 世纪 70 年代，我国碘缺乏病的病区人口为 3.75 亿人，碘缺乏病患者有 3500 万人；20 世纪 80 年代后期，碘缺乏病患者减到 700 万人。然而，到 1993 年全国病区人口上升到 4.25 亿人，占全国人口的 38.7%，占世界碘缺乏病区人口的 40%。全国尚有地方性甲状腺肿、克汀病患者 820 万人。因补碘不足而造成的智力低下儿童已达 800 多万人。①

Marna 先生是联合国儿童基金会（UNICEF）印度籍加碘机械专家。1988 年 7 月，Marna 先生应 UNICEF 邀请来我国对碘盐项目进行考察后认为：在中国除上海市外，各省、市、区均报告有碘缺乏病。作为一条规律，尽管碘缺乏病的流行在山区是严重的，但在平原地区甚至沿海省份也发现了严重病区。②

（三）解决措施及成效

在改革探索期，为解决盐业面临管理体制僵化而造成的盐价偏低及碘缺乏病等问题，相关政府部门采取了一些具体措施并取得一定的成效。

1. 关于盐产品价格采取的措施和取得的成效

盐产品价格低的主要原因是在经营方式上的计划管理体制。在这种体制下，盐业管理更是采取了计划管理模式，如 1980 年，轻工业部盐务总局局长张圻之同志在全国盐业会议上明确要求：盐是关系到国计民生、全国统一调拨的产品，必须严格按照国家计划，组织分配销售。③ 严格的计划管理体制限制了经济的发展。为了进一步调动企业的积极性，把经济搞活，提高企业素质，提高经济效益，1984 年 5 月国务院颁布了《关于进一步扩大国营工业企业自主权的暂行规定》（国发〔1984〕67 号），对生产

① 姜爱林．“地甲病”死灰复燃［J］．人人健康，1994（3）：4-5.

② Marna. 对中国食盐加碘防治碘缺乏病的考察报告形势分析［J］．陈豪敏，译．河南卫生防疫，1989（3）：69-72.

③ 轻工业部盐务总局局长张圻之同志在全国盐业会议上的报告（摘要）［J］．井矿盐技术，1980（3）：1-4.

经营计划、产品销售、产品价格、物资选购、资金使用等扩大企业自主权的若干问题做出规定。

1984 年《中共中央关于经济体制改革的决定》认为，社会主义制度的优越性还没有得到应有的发挥，一个重要的原因就是在经济体制上形成了一种同社会生产力发展要求不相适应的僵化模式，国家对企业统得过多过死，忽视商品生产、价值规律和市场的作用，分配中平均主义严重。从我国原盐产量也能看出这一点：早在 1978 年我国原盐产量就已经达到 1926 万吨，但到了 1984 年我国原盐产量只有 1642 万吨。① 也就是说，改革开放后原盐的产量不但没有上升，还有些下降。在这种情况下，从 1985 年起我国工业产品实行了“双轨制”，但盐产品的价格变化较小，1987—1988 年每吨原盐的价格相继上调 8～10 元，原盐生产企业的经济效益有所提高，到 1988 年原盐生产量达到 2196 万吨，创历史最高水平。1992 年原盐生产量达到 2725 万吨。②

2. 关于碘缺乏问题采取的措施和取得的成效

1989 年，国家工商行政管理局、轻工业部、交通部、商业部、国家中医药管理局、铁道部、原卫生部发布了《关于碘酸钾代替碘化钾加工碘盐的联合通知》[1989 年 2 月 1 日卫地字（89）第 2 号]，决定从 1989 年开始在全国逐步改用碘酸钾加工碘盐。1990 年国务院颁布的《盐业管理条例》（中华人民共和国国务院令第 51 号）第二十三条规定：对碘缺乏病地区必须供应加碘食用盐。未经加碘的食用盐，不得进入碘缺乏病地区的食用盐市场。

在此期间，盐在产地仅有小部分加碘，主要是通过各省的县级碘盐批发贮运公司负责盐的加碘和销售，而且除新疆、西藏的少数边远地区以外，其他省市都采取了食盐加碘措施，碘缺乏问题逐渐受到重视并加以解决。1990 年，时任总理李鹏代表我国政府向世界承诺在 20 世纪末消灭碘缺乏病。

---

① 陈伯森．关于当前我国盐业产需状况及应采取的对策［J］．氯碱工业，1989（11）：38-41.

② 葛文明．中国盐业的现状及发展趋势［J］．海湖盐与化工，1994（2）：1-6.

三、我国盐业管理体制的改革尝试期（1992—2013年）

（一）改革进程

1. 确定了“食盐管好，工业盐创造条件逐步放开”的思路

1992年，党的十四大明确提出了建立社会主义市场经济体制。为了适应社会主义市场经济的发展，需要改革新中国成立以来国家对盐业一直实行的指令性计划管理模式。1994年确定了“食盐管好，工业盐创造条件逐步放开”的盐业体制改革思路。于是，1995年对1000万吨两碱工业盐由计划调拨改为合同订货，通过产销见面，执行国家保护价，稳妥地向市场经济过渡。

为进一步适应社会主义市场经济的要求，积极稳妥地改革当时实行的工业盐价格和供销管理办法，在保护大制盐企业的同时，也引导小制盐企业合理健康地发展。为了鼓励盐业企业之间展开公平合理的竞争和盐碱生产企业之间的联合，降低盐的生产成本，减少中间环节，降低流通费用，进而降低两碱成本，增强两碱产品在国际市场上的竞争力，促进盐碱两个行业的良性循环和共同发展，1995年11月8日，国家计委、国家经贸委联合发布了《关于改进工业盐供销和价格管理办法的通知》（计价格〔1995〕1872号），要求盐碱双方在不低于保护价的基础上，协商确定成交价格，取消现行的工业盐准运证和准运章制度，盐碱双方根据签订的合同向运输部门申请计划，同时明确“在国务院批准《食盐专营办法》出台前，由中国轻工总会按现行办法管好管住食盐市场，防止劣质盐和工业盐冲击食盐市场”。

2. 颁布了《食盐专营办法》，食盐实行专营强制加碘

1990年，世界儿童问题首脑会议通过了《儿童生存、保护和发展世界宣言》和《执行九十年代儿童生存、保护和发展世界宣言行动计划》，提出到2000年全球实现消除碘缺乏病的目标。时任总理李鹏代表中国政府在上述两份文件上签字承诺。

鉴于食盐的质量、包装和卫生标准要求高以及食盐加碘对消除碘缺乏

病的特殊性，1994年，针对当时各种劣质盐、非碘盐冲击食盐市场较为严重和市场秩序混乱的问题，为确保食盐加碘工作顺利推进，实现我国2000年消除碘缺乏病的目标，国家决定对食盐实行专营制度。同年，国务院发出《关于进一步依法加强盐业管理问题的批复》（国函〔1994〕13号，以下简称《批复》），同意“对食盐实行专营，对工业盐实行计划管理”，并授权中国轻工业总会承担主管全国盐业管理工作的职能。同时，中央机构编制委员会根据《批复》精神，于1994年2月16日，以中编函〔1994〕3号文件批复中国轻工业总会设立盐业管理办公室，并经国务院授权，盐业管理办公室作为国家盐业行政主管部门的办事机构，承担全部盐业管理任务，与中盐总公司合署办公。盐业管理办公室主要承担盐业政策法规、行业宏观管理、发展规划及盐政管理职能。其下属的中盐总公司负责组织生产、经营等日常工作，组织和保证合格碘盐的普及供应。

为了做好碘盐供应管理，1994年8月23日，国务院发布了《食盐加碘消除碘缺乏危害管理条例》（中华人民共和国国务院令第163号）。1996年5月27日，国务院颁布《食盐专营办法》（中华人民共和国国务院令第197号），明确规定对食盐实行专营，强制加碘，实行食盐生产定点制度、食盐批发许可证制度和运输准运证制度。至此，全国形成了盐行业实行归口管理，盐产品实行总量控制，食盐实行专营，制碱工业盐逐步进入市场这样一种新的盐业管理体制。

3. 公布了《食盐专营许可证管理办法》，食盐生产、批发、运输实行许可证管理

此后，盐业管理体制改革仍在不断进行。1998年，国务院机构改革撤销了中国轻工总会，设立国家轻工业局，成立盐业管理办公室，仍与中盐总公司合署办公。2000年4月，根据中央要求政府与企业脱钩的指示精神，中央党政机关非金融企业脱钩工作小组发出《关于中国盐业总公司交由中央管理问题的批复》，明确规定行业管理职能由盐业管理办公室和盐业协会负责，中盐总公司与国家轻工业局脱钩，交给中央企业工委管理，授予中盐总公司承担全国盐业的生产经营等8项职责。2001年2月，国家

轻工业局撤销，盐业管理办公室设在国家经贸委经济运行局。2003 年 1 月 3 日，国家发展计划委员会公布《食盐价格管理办法》（2003 年中华人民共和国国家发展计划委员会令第 27 号），规定食盐价格实行政府定价，按照食盐生产、经销环节分别制定食盐的出厂价格、批发价格（含产区批发价格和销区批发价格）和零售价格。2006 年 4 月 28 日，国家发展和改革委员会公布《食盐专营许可证管理办法》（中华人民共和国国家发展和改革委员会令第 45 号），规定了食盐定点生产企业证书管理、食盐批发许可证管理、食盐准运证管理的办法。

4. 第一次盐业体制改革：旨在实现政企分开，建立现代企业制度

由于 1996 年食盐实行专营以来，业界关于改革食盐专营的争议一直不断，2002 年 5 月 20 日国家经贸委下发《关于盐业管理职能有关问题的通知》（国经贸运行〔2002〕288 号），明确要求“中国盐业总公司要实行政企分开，按照建立现代企业制度的要求，切实加强企业管理，依法经营，努力提高市场竞争力和经济效益。这不仅是对中国盐业总公司的要求，也是今后各级盐业公司实行政企分开的努力方向”。可以说，这是启动的第一次盐业体制改革，旨在实现政企分开，建立现代企业制度。但这次改革随后遭遇波折，纷争也随之而起。

2002 年 5 月 29 日，即国家经贸委发文后的第 9 天，国家计委又发出了带有“特急”字样的 815 号文，即《国家计委关于进一步加强食盐管理计划，严格执行专营政策的通知》，明确指出：食盐年度计划和分配调拨计划由国务院计划行政主管编制下达，要继续坚持现行的食盐计划编制程序和办法，按照国家计委的统一部署，在规定的时间内编制食盐计划建议草案。该通知还特别指出，中国盐业总公司要认真组织落实并监督各产销企业严格执行计划。这标志着启动的第一次盐业体制改革以失败告终。从此开始，动荡的盐业管理体制经历了六次改革。

5. 第二次盐业体制改革：因“非典”食盐抢购等原因而搁浅

2003 年 2 月，国家经贸委发布了《2003 年经济运行工作指导意见》（国经贸运行〔2003〕76 号），首次将推动盐业体制改革列入当年全国经

济运行的 8 项重点工作中，盐业管理体制改革上升到经济体制改革的层面。该意见指出："盐业行政管理职能划入经贸委两年多来，已进行了大量调查研究和前期准备工作。在此基础上，尽快启动盐业体制改革，坚决实行政企分开，废除不适宜的现行管理规章，打破行业垄断经营，逐步引入市场竞争机制。"然而，随之而来的"非典"食盐抢购风波，改变了盐业管理体制改革的进程。

2003 年 5 月，国务院机构改革，国家经贸委被撤销，国家计委被改组为国家发展和改革委员会（简称国家发改委），盐业管理办公室设在国家发改委工业司，行业管理职能授权中国盐业协会行使。此后，国家发改委盐业管理办公室曾提出盐业主管划归发改委。

6. 第三次改革：广东省率先实行政企分开，但未能实施打破经营垄断的方案

2003 年 11 月，为提高食盐流通效率，降低流通成本，保障合格碘盐供应，国家发改委制定了《关于促进食盐流通现代化的若干意见》（发改经贸〔2003〕1995 号），提出了促进食盐流通现代化的指导思想、基本原则、总体目标和主要措施。

2004 年 3 月，广东省按照政企分开的原则，开始了盐业体制改革，将原来由省盐业总公司履行的有关盐业行政管理职能划入省经贸委，设立盐业管理办公室，撤销省食盐专卖局的牌子；市、县盐业公司也改为经济实体，不再挂政府行政机构的牌子，从而结束了广东省长达 30 年之久的盐业管理政企不分的历史。广东省作为改革开放的前沿，成为我国实施盐业体制改革的先行者。2004 年 7 月，由中国盐业协会完成的《〈盐业管理条例〉完善修改稿》转交国家发改委，其中提出了进一步打破食盐批发和零售环节垄断经营的方案。然而，方案最终未能公布，第三次盐业管理体制改革工作就此结束。

7. 第四次改革：大部制改革下推迟盐业体制改革

2005 年 4 月 4 日，国务院出台了《关于 2005 年深化经济体制改革的意见》（国发〔2005〕9 号），提出"研究制定盐业体制改革方案"，并由

国家发改委牵头。这也是国务院首次明确提出由国家发改委牵头研究制定盐业体制改革方案。

2006 年 3 月 14 日，第十届全国人民代表大会第四次会议审议通过了《中华人民共和国国民经济和社会发展第十一个五年规划纲要》，提出“深化石油、电信、民航、邮政、烟草、盐业和市政公用事业改革，推进国有资产重组，形成竞争性市场格局，建立现代企业制度”。随后，我国盐业体制改革研究纳入国务院和国家发改委的议事日程。当年，国家发改委工业司、体改司委托国家发改委经济体制与管理研究所成立“我国盐业体制改革研究”课题组，同时组织相关研究机构、中国盐业协会、中盐总公司及一些盐业部门、盐业企业开展盐业体制改革的课题研究。

2007 年，国家发改委将盐业体制改革作为工作重点之一。3 月 28 日，国家发改委体改司召开会议，听取“我国盐业体制改革研究”课题组研究情况的汇报。5 月，“我国盐业体制改革研究”课题组基本完成《我国盐业体制改革研究报告》（以下简称《研究报告》）的初稿，并提交国家发改委讨论。《研究报告》提出，在坚持食盐专营政策不变的指导方针下，将地方盐业分公司的行政权和销售权分开，允许地方盐业分公司建立自己的商品品牌，跨区域销售。同时，《研究报告》还为盐业向新体制过渡提供了若干方案。然而，由于 2008 年 3 月国务院大部制改革，国家发改委的工业管理职能划归工业和信息化部，由消费品工业司承担盐业和国家储备盐行政管理工作，盐业体制改革工作再次搁浅。

8. 第五次改革：提出的“两步走”盐业体制改革方案由于各种原因再次搁浅

2009 年 3 月 5 日，时任总理温家宝所做的《政府工作报告》中明确提出要加快铁路、电力、盐业等行业改革。盐业体制改革再次提上议事日程。随后，由国家发改委牵头，联合工信部等部委成立盐业体制改革领导小组，确定在广泛调查和深入研究的基础上制定盐业体制改革方案初稿。2009 年 5 月 19 日，国务院批转国家发改委《关于 2009 年深化经济体制改革工作的意见》（国发〔2009〕26 号），明确要求“制定出台盐业管理体制改革方案”。2009 年 11 月，在进行半年多广泛而深入的调研后，盐业体制改革领导小组出台了《关于推进盐业体制改革的若干意见（征求意见稿）》，明确了 5 项改革内容：①取消食盐专营管理体制，即取消食盐生产、运输和批发许可证制度，取消食盐生产和分配调拨指令性计划，取消调拨批发价和出厂价管理，取消非食用盐运销管制；②推进政企分开，理顺盐业管理体制；③健全法律法规，实施以法治盐；④健全供应保障机制，保证食盐安全；⑤加快盐业结构调整，提升产业竞争力。同时，提出从 2010 年开始，安排两年作为新旧体制过渡期，分步实施各项改革措施，并要求各部门、各级政府积极配合。

2010 年 1 月，国家发改委牵头制定的盐业体制改革方案大体框架已经基本完成，1996 年以来一直实行的食盐专营体制将被打破，并将视情况分步走向市场化。该盐业体制改革方案将采取“两步走”战略，在两年内全面放开盐业市场：第一步，允许生产企业进入市场，由生产企业与现有省、市、县盐业公司自由竞争；第二步，放开盐业公司以外的流通企业进入盐业行业。另外，在政企关系方面，该盐业体制改革方案提出各级盐业管理职能从盐业公司分离，盐业公司只有经营职能，管理职能分别由质检、工商、食品药品监督等部门承担，从盐业公司剥离出来的盐务管理局则承担盐政管理工作。然而，由于盐业体制改革将极大地“损害”既得利益者的垄断利润，受到多方阻挠，盐业体制改革工作遭到第五次搁浅。

9. 第六次改革：明确了食盐专营体制下的市场化改革方向，将食盐准运许可审批项目下放到省级盐业主管机构

2011 年 4 月，国家发改委经济体制与管理研究所“我国盐业体制改革研究”课题组提出，食盐专营体制改革是我国盐业体制改革的中心环节，不仅直接影响食用盐的产、运、销，对小工业盐和两碱工业盐管理体制也具有重大影响；食盐加碘不等于食盐专营，食盐专营代价高昂，导致经营效率较低、垄断滋生腐败、产销矛盾突出等问题；要充分认识食盐专营改革的特殊性和复杂性，应当采用渐进式改革路径，改革的总体目标是建立“强制加碘、严格准入、有效竞争、综合监管”的目标模式，力争用 3 ~ 5

年的时间，采用“三步走”战略。[1] 然而，2011 年 3 月，日本大地震引起了核电厂的爆炸，引发核泄漏。此后引发一场食盐抢购潮，多地出现盐荒，直接导致盐业体制改革暂停，社会各界翘首以待的盐业体制改革又没有取得实质性进展。

2011 年 11 月，中国盐业协会发布《盐行业“十二五”发展规划》（中盐协〔2011〕45 号）明确提出，“积极稳妥地推进盐业体制改革，加快食盐批发企业内部经营机制转变，建立现代企业制度，完善法人治理结构，优化人员配置，树立竞争意识、市场意识，提高市场竞争力，完善食盐市场监管体系，开展食盐专营体制下的市场化运作，促进食盐管理向市场化方向发展”。

2012 年 7 月 24 日，工业和信息化部办公厅发布了《关于组织核发 2013—2015 年度食盐定点生产企业许可证的通知》（工信厅消费函〔2012〕589 号），主要是按照《食盐专营许可证管理办法》（中华人民共和国国家发展和改革委员会令第 45 号）规定，2009 年核发的食盐定点生产企业许可证有效期将于 2012 年底到期，2012 年核发的食盐定点生产许可证有效期为 3 年，即从 2013 年 1 月 1 日至 2015 年 12 月 31 日。2012 年 10 月 31 日，工业和信息化部办公厅发布了《关于做好下放食盐准运许可审批权限工作的通知》（工信厅消费〔2012〕213 号），将食盐准运许可审批项目从国务院盐业主管部门下放到省级人民政府盐业主管机构。自 2013 年 1 月 1 日起，工业和信息化部停止签发食盐准运证，运输食盐使用各地盐业主管部门印制的加盖地方盐业主管部门印章的食盐准运证。

（二）改革的主要特征和主要问题

1. 改革的主要特征：形成了工业盐市场放开、以食盐专营为核心的盐业管理体制

工业盐，尤其是两碱工业盐逐步放开和市场化，对盐业管理体制造成一定冲击。但工业盐市场化改革从国家政策层面已基本完成，食盐仍实行

---

① “我国盐业体制改革研究”课题组．明确方向稳步推进——关于食盐专营体制改革的几点建议［EB/OL］.（2011-04-18）［2018-02-10］. http：//www. china-reform. org/? content_ 150. html.

专营的管理体制，食盐专营管理体制改革问题成为关注的焦点。

食盐生产实行定点管理，销售实行国家指令性计划，产销严格按国家计划指标调拨，大部分地区省级及以下食盐行政主管部门与盐业公司仍然是政企合一，这些问题迫使相关部门先后七次尝试改革，以完善食盐专营管理体制，食盐管理体制改革的呼声较高。但从实际结果来看，食盐专营管理体制改革推进的难度较大，最主要的原因还是我国盐行业还不具备进一步改革的条件，需要有时间为市场化做准备。①

2. 面临的主要问题：政企不分、产销分离、区域分割，生产企业缺乏自主创新的积极性

改革尝试期的食盐专营制度和以此为核心的盐业管理体制，在我国普及碘盐、食盐安全供应和价格稳定等方面做出了巨大贡献。但随着专营的强化和扩大化，食盐专营体制的弊端也逐渐凸显。有专家学者认为，食盐专营体制的弊端实际上就是垄断经营带来的弊端，主要表现为政企不分、产销分离、食盐生产企业缺乏自主创新的积极性、区域分割、劳动生产率较低等问题。

（1）政企不分导致经营行为不规范

在政企不分的情况下，容易导致政为企服务，以及专营扩大化。食盐经营者作为企业又承担盐务管理，既当裁判员，又当运动员，官办一体，排斥市场竞争，难以进行公平、公正的市场监管。因此，造成我国食盐经销企业政企不分的原因，主要是食盐经营主体承担着多重责任。各级盐业公司不仅承担着保证碘盐供应的社会责任，还承担着资产保值增值、实现利润的经济责任，同时又承担着市场监管的行政职责。多重责任聚集一身，角色定位不清晰，容易出现利用行政职能为经济职能服务的倾向，也容易导致专营范围扩大化。如有些盐业公司借加强食盐市场管理之名，扩大专营范围。而且，一些盐业公司凭借专营权力，从纵向上兼并制盐企业，实际上将垄断向生产环节延伸，影响了食盐计划和执行的公正性。也有一些盐

① 董志华在全国盐业多种经营交流会作改革思路动员［EB/OL］.（2013-11-17）［2018-02-05］. http：//www. cnsalt. cn/d. asp？ id=17968.

业公司借助食盐专营，从横向上控制其他用途盐的流通和市场化。

1995 年，国家计委和国家经贸委发布《关于改进工业盐供销和价格管理办法的通知》（计价格〔1995〕1872 号）后，工业盐市场就已经放开，但是随后各地出台的地方政府规章及地方法规还是对工业盐的市场经营设定了许可。[①] 例如，强化对“小工业用盐”的“严格管理”，很多地方的盐业公司不但专营了漂染、制革、制冰冷藏等其他工业用盐，还将专营扩大化，对海水晶、海水素、足浴盐、沐浴盐等品种盐也实行变相专营。即使是在已经放开了两碱工业盐的情况下，为防止冲击食盐市场，向盐业公司（盐务局）适当的备案、定点监控等管理手段是必要的，但一些地方也不应该在这些环节收取许多不合理的管理费用。

（2）产销分离的制度设计造成产销矛盾

在食盐专卖体制下，为了防止非碘盐等假冒伪劣食盐进入消费市场，不允许制盐企业直接面对市场，制盐企业生产的食盐必须要通过与自己有购销计划的盐业公司才能销售食盐，这就造成了工商利润如何分配的问题，也使得负责销售的盐业公司处于买方垄断的地位。

普通食盐的出厂价格一般为 400～500 元/吨，销区批发价 1200 元/吨左右，二级批发价在 1500～1600 元/吨，零售价格在 2000 元/吨。表面上看，食盐的出厂价格与零售价格差价较大是不争的事实，但实际上要冷静客观地分析食盐的出厂价格与零售价格相差太大的问题，不能简单地把零售价格与出厂价格的差额作为食盐经销企业的利润。食盐出厂后一般是 50 千克的大包装，还需要分装费用，除此之外，还包括流通费用，对政企合一的企业还有盐政执法费用及各环节的销售费用等，特别是对老、少、边地区的“抽肥补瘦”价格补贴政策和保持核定库存政策，需要销区盐业公司增加政策性费用支出等。

深入分析产销矛盾产生的根源，就是食盐专营体系在制度设计时确立了食盐定点生产和食盐批发许可制度，形成了我国食盐产销分离的局面。

---

① 工业盐市场全面放开取消两碱工业盐备案制、准运证制度，取消小工业盐各类市场限制［J］. 江苏氯碱，2016（3）：2.

由于产销各自独立，盐业公司处于买方垄断地位，生产企业不能直接到市场上销售，不能直接面对消费者。因此，产销之间的利润分配不是市场竞争而是制度设计的结果，由此产生了盐业生产企业和盐业公司之间的产销矛盾，并且产能过剩的显著现实进一步加剧了产销矛盾。

（3）食盐生产企业缺乏自主创新的积极性

现行定价体系造成食盐生产企业利润微薄，生产企业不能直接进入市场和自主经营，一些盐业公司垄断了食盐的加工分装，食盐生产者没有自己的商标、品牌，极大地影响了食盐生产者提高自身竞争力的积极性，从而也就没有提高产品质量、开发新品种盐和进行设备更新改造的积极性。

食盐生产和经营企业的生存发展，取决于生产调拨计划和批零差价，而非产品质量和管理水平。以品种盐开发为例，日本是食盐品种最多的国家，目前在市场上投放的食盐品种达 2000 种以上，其中本土产品的规格、品种已经达到了几百种，仅调味盐就有 240 多种。我国的品种盐开发起步较晚，从 20 世纪 80 年代开始生产食用多品种盐。2015 年，全国食盐品种仅 683 种（不含台湾）。[①] 我国食盐市场品种单一，消费者缺乏选择权。尽管品种盐价高利大，但生产企业没有积极性，因为这些品种盐的开发主要是盐业批发企业从盐生产厂购入原盐，再委托加工而成，所获得的收入主要归食盐销售企业。

（4）经营范围的制度设计导致区域分割

食盐专营实行区域封锁，画地为牢，难以通过市场竞争实现优胜劣汰，无法通过市场实现资源有效配置，影响了行业技术进步和产业结构调整。目前，食盐销售以县域为单位，各地区盐业市场块状分割严重，盐行业集中度低，企业规模小，经营效率低下，秩序混乱。我国盐业生产和批发环节都存在小而散的问题，经受市场冲击能力弱，经营效率低下。

造成这种状况的原因是盐业的审批权在各省，导致批发企业小而散，行政区划条块分割严重，企业规模小，没能力甚至没有必要采用现代化流通设备和信息管理技术，因而众多食盐批发企业还沿用传统的管理模式，

---

① 李维，崔志强．我国多品种盐的发展与创新［J］．中国盐业，2016（21）：36-40.

使用传统的物流、搬运、仓储设施，流通效率低下。

（5）劳动生产率较低

2013 年，我国盐业系统拥有制盐企业 298 家，批发企业 2222 家，转（代）批发企业 2097 家。[①] 盐业批发企业年人均销售各类盐 189 吨，其中，人均销售食盐 130 吨，[②] 与 2003 年国家发改委在《关于促进食盐流通现代化的若干意见》（发改经贸〔2003〕1995 号）中提出的力争用三年左右的时间实现“人均食盐销量达到 300 吨以上”的目标距离较大。

2013 年，我国制盐企业在岗职工 12.2384 万人，原盐产量 8421.45 万吨，[③] 人均年盐产量 688 吨，而美国盐业企业现代化程度高，管理先进，人均年盐产量在 3000 吨以上。[④]

（三）采取的措施及效果

随着我国各领域改革和开放持续发力，盐业受到更大的关注，国家出台诸多文件和重大措施推动盐业管理体制改革。更重要的是，我国从 2002 年开始对食盐专营管理制度改革进行积极探索，积累了一定的经验，为全面深化改革奠定了基础。

1. 具体解决措施

这一时期，尽管政府管理部门非常重视盐业管理体制改革，但在实际工作中仍处于准备阶段，盐业体制改革的进程总体上并没有大幅推进，甚至在部分地区和某些方面又回到老路上去。

在这一时期，食盐经营企业政企分开的呼声较高，一些省市也进行了积极探索，但没有取得理想的效果。如 1994 年初，广东省政府机构改革撤销了省盐务局，但是盐业行政管理和盐政执法职能划给哪个部门承接没有明确，以致盐业行政管理、市场管理和盐政执法工作出现真空状态，2007 年 7 月又重新实行政企合一的盐业管理体制。

---

① 编写组．中国盐业发展报告［M］．北京：经济管理出版社，2014：8.

② 编写组．中国盐业发展报告［M］．北京：经济管理出版社，2014：51.

③ 编写组．中国盐业发展报告［M］．北京：经济管理出版社，2014：12-17.

④ 崔静，周洪福．美国盐业市场化流通基本模式及启示［J］．中国流通经济，2014（6）：17-22.

据原卫生部通报，截至2010年，青海、西藏和新疆三个省（自治区）尚未完全达标，而其中的青海省一直采用政企分开的管制模式。因此，当时有人主张实施政企适当分离：撤销盐业公司内部的盐政执法机构，将其职能划入工商部门，由工商部门向盐业公司派驻执法人员，实现体制上政企分离、运行机制上密切配合。① 从整体上来看，政企不分、产销分离、食盐生产企业缺乏自主创新的积极性、区域分割、劳动生产率较低等问题均未获得解决。

2. 取得的成效

（1）经济、安全地达到了消除碘缺乏病的阶段性目标

根据联合国儿童基金会（UNICEF）2012年统计数据，全球196个纳入UNICEF的国家中，有128个国家采取食盐加碘策略，其中有37个国家达到90%以上的碘盐覆盖率；52个国家碘盐覆盖率在50%～89%；39个国家低于50%。②③ 食盐专营以来，原卫生部办公厅关于《全国重点地方病防治规划（2004—2010年）》终期执行情况的通报（卫办疾控发〔2011〕156号）显示：我国消除碘缺乏病工作取得了巨大的成就，成为世界的典范。2000年中国基本实现消除碘缺乏病阶段目标；2010年28个省（区、市）实现消除碘缺乏病阶段目标，西藏、青海、新疆基本实现消除碘缺乏病阶段目标，全国2755个县（市、区）实现消除碘缺乏病目标，占全国县（市、区）的97.94%。

我国碘盐覆盖率由于长期保持在90%以上的高水平被世界瞩目，中国被称为“持续消除碘缺乏病的引领者”。我国在食盐加碘消除碘缺乏病方面取得的成就被国际社会评价为“世界的典范”和“里程碑式的成就”。

（2）保证了我国食盐供应安全

我国消除碘缺乏病之所以取得这样的成绩，与我国采取以食盐专营制

① 单鑫．食盐专营：企业身份、行政管理与体制改革［J］．行政论坛，2009（1）：79-83.

② UNICEF. The State of World's Children 2012：Children in an Urban World［R］. New York：United Nations Children's Fund，2012.

③ UNICEF. Child info：Monitoring the situation of children and women［R］. New York：United Nations Children's Fund，2012.

度为核心的管理体制密不可分。国家对食盐专营后，现已形成800余万吨的食盐加碘能力，基本建立起了覆盖全国城乡的碘盐供应网络，碘盐供应量从1995年的350万吨达到2013年的790万吨。

据全国碘盐监测结果通报，全国碘盐覆盖率已从1995年的54.2%增加到2013年的98.8%；我国居民合格碘盐食用率从1995年的39.9%上升为2013年的96.3%。

（3）有效地应对食盐抢购事件

从历史规律上看，每隔3~5年就会发生一次全国性的大面积食盐抢购风，局部的食盐抢购基本年年发生。如1998年（南方特大洪灾）、2003年（SARS疫情）、2004年（食盐供应紧张）、2008年（南方雨雪冰灾、四川汶川地震）、2009年（浙闽地区食盐抢购）因各种原因发生了食盐抢购风潮，特别是2011年日本发生了核泄漏，一些地区食盐被抢购，盐价暴涨，多地食盐脱销。

在此情况下，各地盐业企业紧急启动应急机制，密切关注市场动态，加强生产组织管理，部署各食盐定点生产企业及配送中心加紧生产，提高成品食盐产区库存，并做好向销区紧急调拨的准备，确保了食盐价格稳定和充足供应。近些年我国食品安全事件频发，但是食盐供应方面并未发生重大的安全事件。

（4）盐行业平稳健康发展

在食盐专营制度下，各级盐业生产和流通机构确保了国有资产的保值增值，解决了大量人员的就业问题。盐行业得到了快速发展，盐产量跃居世界第一位，效益不断提高。

根据调研得知，盐行业资产总量、销售收入和利润分别从2004年的395亿元、119亿元和13亿元，提高到2012年的1291亿元、716亿元和44亿元。2004—2012年，制盐企业资产增长3.9倍，收入增长3.2倍，利润增长5.5倍；批发企业资产增长2.3倍，收入增长22.9倍，利润增长2.3倍。据2013年全国盐业统计数据，全国共生产盐8421.45万吨，实现利润225亿元，制盐工业企业资产1022亿元。2013年盐业批发企业营业收入386亿元，实现利润25亿元。专营维系了全国盐业批发企业7.2万名和制盐企业13.3万名职工的生存与发展。

（5）为增加国家财政收入和减轻财政负担做出了贡献

食盐专营制度下，食盐批发价格和零售价格实行政府定价，在保证供需关系稳定的前提下，为国家贡献了一定的税收。在专营制度下，政企合一，盐业执法费用也主要来自批零差价，减轻了财政负担。

四、我国盐业管理体制的改革实施期（2014年至今）

（一）《盐业体制改革方案》出台

为了继续贯彻《食盐专营办法》及有关法规，积极配合稳妥推进盐业改革工作，2014年食盐计划编制工作本着形式从简、务实高效的原则，只编制和下达食盐销售计划及省际调拨计划（包括直接食用、食品加工用盐；加碘和非碘食盐），畜牧盐、渔盐、肠衣盐和出口盐由食盐专营主体根据市场需求采取产销企业自主衔接方式保证供应，不再列入国家指令性计划。①

2014年4月21日，在国务院“简政放权”的大势之下，国家发改委宣布决定废止《食盐专营许可证管理办法》（中华人民共和国国家发展和改革委员会令第45号），盐业管理体制改革提速。5月，国家发改委在2014全国经济体制改革工作会议上，把盐业改革纳入了当年九大改革任务，指出要加快推进电力、油气、盐业等重点行业改革。6月13日，国家发改委发出通知，要求地方放开小工业盐（即纯碱、烧碱两碱外工业用盐）价格。对于实行政府指导价的地方，要按照有关程序尽快放开价格，由市场进行调节。这也被视为打破盐业专营实质性的突破，再次证明此前各大重要会议提出的“盐业体制改革必须解决”已经到了“破茧而出”的时刻。2014年9月4日，国务院印发《关于在中国（上海）自由贸易试验区内暂时调整实施有关行政法规和经国务院批准的部门规章规定的准入特别管理措施的决定》（国发〔2014〕38号），决定“允许外商以独资形式

① 中国盐业总公司.2014年食盐计划安排意见［EB/OL］.（2013-11-07）［2018-02-16］. http://www.cnsalt.cn/d.asp?id=17855.

从事盐的批发、服务范围限于试验区内”，盐业体制改革迈出了重要步伐。

从盐业生产来看，经过改革开放后的快速发展，盐产品产量从 1978 年的 1926 万吨发展到 2015 年的 9600 万吨，原盐产能已达到 1.12 亿吨（见表 1-1）。[①] 从原盐产量看，2005—2015 年产量增加了近一倍，原盐消费量增长一倍多。但从总供求情况看，供大于求是一个基本的态势，其中，我国原盐产量大于消费量，我国盐业进出口市场的特点是“大进小出”，致使我国盐业市场存在“产量高、库存量高、进口量高”的“三高”现象，食盐行业的产销矛盾更加突出。为此，2015 年 5 月 8 日公布的《国务院批转发展改革委关于 2015 年深化经济体制改革重点工作意见的通知》（国发〔2015〕26 号）再次提出“推进盐业体制改革”。2016 年 4 月 16 日国家发改委公布的 2016 年全国经济体制改革工作会议内容中又提到，在深化企业改革方面，大力推进电力、油气、盐业等重点行业改革。

2016 年 4 月 22 日，国务院印发了《盐业体制改革方案》国发〔2016〕25 号（以下简称《方案》），对推进盐业体制改革做出总体部署，明确了改革的指导思想、基本原则和主要任务。《方案》要求从 2017 年 1 月 1 日开始，放开所有盐产品价格，取消食盐准运证，允许现有食盐定点生产企业进入流通销售领域，食盐批发企业可开展跨区域经营。

表 1-1　2005—2018 年我国盐业产销情况

单位：万吨

年份	原盐产量	原盐销售量	产销差额	食盐销售量	进口量	出口量	进口—出口	供求差额
2005	5192	3751	1441	839	421	68	353	1794
2006	5656	4450	1206	838	201	83	118	1324
2007	6211	5018	1193	835	160	77	83	1276
2008	6617	5150	1467	878	194	96	98	1565
2009	7138	5362	1776	898	146	123	23	1799
2010	7540	6185	1355	924	277	143	134	1489
2011	7738	7576	162	969	414	158	256	418

① 连维良．在盐业体制改革工作电视电话会议上的讲话［Z］．中国盐业年鉴 2016：366-370.

续表

年份	原盐产量	原盐销售量	产销差额	食盐销售量	进口量	出口量	进口—出口	供求差额
2012	8052	7743	309	994	526	132	394	703
2013	8421	8220	201	937	765	158	607	808
2014	9182	8789	393	1036	743	143	600	993
2015	9600	8980	620	980	602	131	471	1091
2016	8765	9626	-861	882	495	80	415	-446
2017	8975	10021	-1046	922	926	90	835	-211
2018	9065	9819	-754	997	918	109	809	55

注：供求差额=产销差额+进出口差额。

资料来源：作者根据《中国盐业发展报告2014》《中国盐业发展报告2015》《中国盐业年鉴2016》及2018年的调研资料整理。

（二）《盐业体制改革方案》的主要特征

1.《方案》既积极又稳妥

“积极”表现为明确的市场化取向，如放开盐产品各环节价格，允许生产企业进市场，批发企业可以跨区经营等；“稳妥”表现为这次改革并不是取消对食盐的专营体制，而是“以确保食盐质量安全和供应安全为核心，在坚持食盐专营制度基础上推进供给侧结构性改革”，是对食盐专营体制的改革和完善，并设置了过渡期。

2. 盐业改革措施针对性强

《方案》对我国盐业管理体制中存在的政企不分、产销分离、食盐生产企业积极性不高、区域分割、劳动生产率较低等问题，均提出了有针对性的改革措施。如针对政企不分，《方案》明确提出“结合行政执法体制改革，探索推进食盐安全监管体制改革，研究剥离食盐批发企业承担的行政管理职能，创造条件将食盐质量安全管理与监督职能移交食品药品监管部门或市场监管部门负责”。如针对产销分离、区域分割，《方案》明确提出“取消食盐定点生产企业只能销售给指定批发企业的规定，允许生产企业进入流通和销售领域”“取消食盐批发企业只能在指定范围销售的规定，允许向食盐定点生产企业购盐并开展跨区域经营，省级食盐批发企业可开展跨省经营，省级以下食盐批发企业可在本省（区、市）范围内开展经营”。

3. 改革推进力度大

如前文所述，盐业管理体制改革经历了探索期和尝试期，但收效甚微。本次《方案》出台后，随着改革的进行，国家相继出台了相关政策，及时修订颁布了《食盐专营办法》（2017 年 12 月 26 日中华人民共和国国务院令第 696 号修订），使改革有法可依。同时，对于一些具体的改革任务规定了时间表，确保了改革顺利推进，在盐业改革上迈出了实质性步伐。

（三）《盐业体制改革方案》的主要内容

1.《方案》中要求进行“四改革”

“四改革”即改革食盐生产批发区域限制、改革食盐政府定价机制、改革工业盐运销管理、改革食盐储备体系。具体来说主要包括下列内容：

一是改革食盐生产批发区域限制，进行盐行业供应侧结构性改革。具体措施是“取消食盐定点生产企业只能销售给指定批发企业的规定，允许生产企业进入流通和销售领域，自主确定生产销售数量并建立销售渠道，以自有品牌开展跨区域经营，实现产销一体”。着力解决产销环节利益分配不均、食盐经营区域分割问题，以实现公平竞争。

二是改革食盐政府定价机制，释放了改革红利。从 2017 年 1 月 1 日起，放开由政府决定的食盐出厂价、批发和零售价，由企业根据生产经营成本、食盐品质、市场供求状况等因素自主确定。

三是改革工业盐运销管理，为各类市场主体公平竞争营造良好环境。《方案》要求取消各地自行设立的两碱工业盐备案制和准运证制度，取消对小工业盐及盐产品进入市场的各类限制，放开小工业盐及盐产品市场和价格。

四是改革食盐储备体系，增强政府调控手段。《方案》要求建立由政府储备和企业社会责任储备组成的全社会食盐储备体系，各省市储备不低于 1 个月食盐消费量；食盐生产、批发企业设定最低库存和最高库存，防止食盐市场供应短缺和企业囤积居奇，且最低库存不低于 1 个月销量，保障必需品供应和社会稳定。《方案》的出台和实施意味着我国盐业市场化改革正式实施。

2.《方案》中要求"四完善"

"四完善"即完善食盐定点生产制度、完善食盐批发环节专营制度、完善食盐专业化监管体制、完善盐业法律法规体系。具体来说主要包括下列内容：

一是完善食盐定点生产制度。不再核准新增食盐定点生产企业，确保企业数量只减不增。

二是完善食盐批发环节专营制度。坚持批发专营制度，以现有食盐定点生产企业和食盐批发企业为基数，不再核准新增食盐批发企业，鼓励食盐批发企业与定点生产企业兼并重组，其他各类商品流通企业不得从事食盐批发。

三是完善食盐专业化监管体制。保持现有专业化食盐监管体制不变，由盐业主管机构依法负责食盐管理与监督。工业和信息化部是国务院盐业主管机构，主管全国盐业工作，负责制定盐业发展规划和产业政策，管理全国食盐专营工作，保证盐行业发展稳定。县级以上地方各级人民政府授权的盐业主管机构，负责管理本行政区域内的食盐专营工作。

四是完善盐业法律法规体系。国务院有关部门、地方政府要依照有关法律法规和本方案精神，抓紧对现行盐业管理法规政策进行清理，按程序提出立改废建议，推动健全法律法规体系，促进盐业健康发展。

3.《方案》中要求进行"五配套"

"五配套"即严格规范食盐生产批发企业资质、加快信用体系建设、加强科学补碘工作、加强应急机制建设、推动盐业企业做优做强。具体来说主要包括下列内容：

一是严格规范食盐生产批发企业资质。工业和信息化部牵头，食品药品监管总局等有关部门制定食盐生产、批发企业的规范条件。省级盐业主管机构要依照新的规范条件对现有食盐生产、批发企业资质重新进行严格审核后报工业和信息化部备案，并在指定网站公示，接受社会监督。

二是加快信用体系建设。各级盐业主管机构要会同有关部门、行业协会建立食盐生产、批发企业及其负责人和高管人员信用记录，纳入国家统一的社会信用体系。依托全国信用信息共享平台、国家企业信用信息公示系统和地方政府指定网站建立健全信息公示制度，对拟进入食盐生产、批发领域的社会资本要在准入前公示有关信息，并每年定期公示所有企业及其负责人的有关信息。

三是加强科学补碘工作。充分发挥食盐生产、批发企业的保障供应作用，有效拓宽碘盐供应渠道，确保合格碘盐覆盖率在90%以上，同时满足特定人群非碘盐消费需求。各地可根据实际情况，灵活选择政府补贴运销费用或直接补贴贫困人口等方式，保证边远贫困地区和经济欠发达的边疆民族地区人口能够吃得上、吃得起合格碘盐。

四是加强应急机制建设。工业和信息化部负责全国食盐供应紧急突发事件的协调处置工作，各级盐业主管机构要会同有关部门研究制定食盐供应应急预案，并向同级政府应急管理部门备案。紧急突发情况下，由盐业主管机构按照应急预案规定，采取投放政府储备、调运企业社会责任储备等方式，确保食盐市场稳定。

五是推动盐业企业做优做强。鼓励食盐生产、批发企业兼并重组，允许各类财务投资主体以多种形式参与，向优势企业增加资本投入，支持企业通过资本市场或公开上市等方式融资，形成一批具有核心竞争力的企业集团，引领行业发展。

第二章 《盐业体制改革方案》实施的市场总体效果分析（2017）

2017 年 1 月 1 日，《方案》的各项任务开始全面实施。按照《方案》要求，国家发展改革委、工业和信息化部要加强工作指导和统筹协调，并做好督促检查和效果评估，对改革中出现的新问题及时研究，提出解决办法，确保食盐安全和市场稳定，重大问题及时向国务院报告。在此背景下，开展盐业体制改革进展及成效评估研究，具有重要意义。

2017 年 5 月—2018 年 2 月，课题组先后赴河南省盐业公司、安徽中盐东兴盐业股份集团有限公司、福建厦门盐业公司、陕西中盐榆林盐化有限公司、中盐北京盐业公司、甘肃省盐业公司、甘肃兰州盐业公司、甘肃临夏市盐业公司、江苏省盐业公司、湖北蓝天盐化江苏扬州直销处、内蒙古盐业公司、内蒙古额吉淖尔盐场、内蒙古鄂尔多斯盐业公司等地进行了生产、批发、零售等各环节的实地调研。调研表明，《方案》实施以来，食盐市场表现平稳，没有出现大的波动。盐业体制改革使消费者多样化需求得到满足，食盐生产企业有了市场竞争意识和品牌意识，盐业公司更加关注探索新的食盐产销方式，积极推进战略转型。

一、盐业体制改革使消费者多样化需求得到满足

我国原有的食盐专营制度是在《食盐专营办法》（中华人民共和国国务院令第 197 号）、《盐业管理条例》（中华人民共和国国务院令第 51 号）、《食盐加碘消除碘缺乏病危害管理条例》（中华人民共和国国务院令第 163 号）等几部行政法规和部门规章之上建立起来的，主要体现在以下两个方面：①定点生产。根据《食盐专营办法》（中华人民共和国

国务院令第 197 号）的规定，食盐只能由国家指定的企业负责生产。这意味着对食盐生产有着严格限制，非指定的企业按照现行法律要求不能生产食盐。按照 2013 年修改后的《食盐专营办法》（中华人民共和国国务院令第 696 号），食盐生产企业的审批权下放至省级盐业主管部门。②专营批发。根据《食盐专营办法》（中华人民共和国国务院令第 197 号）的规定，食盐批发企业的资质需要得到省级盐业主管部门的批准，要求有与其经营规模相适应的注册资本、固定经营场所、符合国家规定的仓储设施，符合本地区食盐批发业务布局的要求。食盐零售企业管理相对宽松，但是零售企业需要在具有食盐批发许可的企业购进食盐，不允许采购其他渠道的食盐。

在原有的食盐专营制度下，由于产销各自独立，盐业公司处于买方垄断地位，生产企业不能直接到市场上销售，不能直接面对消费者需求。并且经营区域按行政区域划分，形成了食盐销售的区域分割、层层批发的业务经营及管理模式。这样，消费者在本地区食盐市场上，面对着品牌和品种都极为匮乏的食盐产品，也就是通常所说的消费者的选择权因制度设计受到了限制。

《方案》的实施，取消了食盐批发企业只能在指定范围销售的规定，允许向食盐定点生产企业购盐并开展跨区域经营；食盐定点生产企业可以自主品牌开展跨区域经营，实现产销一体或委托有批发资质的企业代理销售。因此，消费者在食盐市场上有更多品牌和品种的食盐可供选择，消费者的选择权可以得到充分保障。调研中，对于食盐的十大品牌，知道“中盐”的消费者占绝大多数，比例为 66.28%，远远高于其他品牌。为了对比，我们把“母亲湖”作为选项同时做了调研，有 4.08%的消费者知道“母亲湖”牌食盐。这说明食盐的十大品牌在消费者群体中的地位十分稳定。消费者目前购买的食盐也以“中盐”为主，比例为 59.28%（见表 2-1），远远高于其他品牌。

表 2-1　消费者对不同食盐品牌的了解情况和购买情况

选项	是否知道	目前购买
中盐	682（66.28%）	610（59.28%）
淮牌	110（10.69%）	67（6.51%）
鲁晶	135（13.12%）	87（8.45%）
自流井	65（6.32%）	28（2.72%）
雪天	78（7.58%）	41（3.98%）
粤盐	59（5.73%）	36（3.5%）
迎客松	63（6.12%）	38（3.69%）
晶心	145（14.09%）	82（7.97%）
白象	83（8.07%）	46（4.47%）
芦花	79（7.68%）	39（3.79%）
母亲湖	42（4.08%）	17（1.65%）
其他	208（20.21%）	198（19.24%）

取消食盐产销区域限制后，85.03%的消费者表示愿意购买其他品牌的食盐（见表 2-2）。这说明《方案》的实施与满足消费者需求是相契合的。

表 2-2　消费者是否愿意购买尝试其他品牌的食盐的情况

选项	样本数	比例/%
愿意	875	85.03
不愿意	154	14.97
合计	1029	100.00

二、食盐生产企业有了市场竞争意识和品牌意识

在原有的食盐专营制度下，定价体系造成食盐生产企业利润微薄，生产企业不能直接进入市场和自主经营，一些盐业公司垄断了食盐的加工分装，食盐生产者没有自己的商标、品牌，极大地影响了食盐生产者提高自身竞争力的积极性，从而也就没有提高产品质量、开发新品种盐和进行设备更新改造的积极性。食盐生产和经营企业的生存发展，取决于生产调拨计划和批零差价而非产品质量和管理水平，因此品牌意识不强。

以品种盐开发为例，据统计，目前全世界的品种盐有 1.45 万余种，而

且品种盐的种类和数量还在逐步上升。发达国家品种盐的研发已经历了上百年的历史，但其快速发展始于20世纪80年代。美国、日本、欧洲各国、韩国在品种盐的开发方面比较超前，其中，日本是品种盐最多的国家，多达2000多种，仅调味盐就有240余种。我国品种盐开发起步较晚，从20世纪80年代起开始生产品种盐，到目前为止也只有200多种。以北京为例，盐业体制改革前在市场上销售的品种盐只有10多种（见表2-3），而且多以批发企业为主导研发，但价高利大。以北京市小包装食盐中的110g天然海盐为例，每吨达到了52727元，是普通食盐价格的26倍，而这些品种盐的开发主要是盐业公司从盐生产厂购入原盐，再委托加工而成，所获得的收入主要归食盐销售企业。

表2-3 北京市小包装食盐零售价格表

单位：元

序号	种 类	零售价格	每吨零售价格
1	500g 复合膜装精制盐（一级）	1.00	2000
2	1000g 复合膜装精制盐（一级）	1.90	1900
3	500g 纸塑袋装精制盐（一级）	1.30	2600
4	400g 低钠盐	2.00	5000
5	800g 绿色碘盐	2.80	3500
6	400g 海水自然晶盐	1.30	3250
7	250g 竹盐健康型	4.70	18800
8	110g 天然海盐（研磨）	5.80	52727
9	200g 雪花盐（袋装）	1.40	7000
10	300g 天然海盐（袋装）	1.80	6000
11	500g 中盐低钠盐	4.40	8800
12	300g 天日海晶盐	1.80	6000
13	175g 中盐低钠盐	2.30	13143
14	300g 玉砂盐	1.80	6000
15	250g 竹盐低钠型	5.70	22800

资料来源：北京市发展和改革委员会．小包装食盐价格［EB/OL］．［2014-08-15］．http：//www.bjpc.gov.cn/ywpd/wjgl/cx/sp/201208/t3884346.htm.

造成这种状况的原因之一就是制盐企业缺乏开发品种盐的积极性。因为在现有盐业体制下，普通小包装食盐只有专营公司的商标，没有生产企业的商标。调查问卷显示，多数生产企业认为“有属于自己独立的品牌非常重要”。由于难以拥有自己的品牌，生产企业缺乏自主创新的积极性，致使一些制盐企业生产技术条件还停留在20世纪七八十年代水平上，职工收入水平较低，产销矛盾也不断深化。有专家认为，产销矛盾的焦点是分装业务权。食盐分装业务的利益空间较大，销区分装与生产企业集中分装相比有明显的不经济表现，但盐业公司依然坚守。近年来，尽管流通批发企业大量减少分装业务，开始将分装业务向生产企业集中，但是采取委托加工方式，生产企业依然无法分享食盐批发价的现实利益空间。①

《方案》的实施，把确保用盐安全和激发市场活力有机结合，取消了食盐产销区域限制，改革食盐定价机制，鼓励企业自主经营、产销一体，通过兼并重组等方式不断做优做强，为行业健康发展提供动力。《方案》的这些举措有效地引入了竞争机制，倒逼企业转型升级，同时也进一步释放市场活力，促进市场优胜劣汰。并且，食盐定价机制的改革，前所未有地调动了生产经营者创新产品的积极性，使食盐市场供给层次更加丰富。例如，食盐企业陆续开发了绿色食盐、绿标食盐、竹盐、平衡盐、保健盐等多品种食盐，有的还引进国外海盐加工成高端食盐。

三、盐业公司开始探索新的食盐产销方式，推进战略转型

在原有的食盐专营制度下，制盐企业生产的食用盐销售给盐业公司，盐业公司负责食盐的运输、分装和销售。我国大部分地区的盐政管理和经营队伍是一套机构两块牌子，各地盐务局是盐业管理政策的制定者、盐政执法者、生产企业的上级主管，同时又是盐产品的经营者。各级盐业公司承担着保证碘盐供应的政治任务，承担着资产保值增值、实现利润的经济责任，也承担着市场监管的行政职责，角色定位不清晰，容易出现利用政治或行政职能为经济职能服务的倾向，也容易导致专营范围扩大化。

如有些盐业公司借加强食盐市场管理之名，扩大专营范围。从纵向上，一些盐业公司凭借专营权力，兼并制盐企业，实际上将垄断向生产环

① 王云．加快推进盐业改革［J］．中国财政，2015（6）：65-66.

节延伸，影响了食盐计划和执行的公正性。从横向上，盐业公司借助食盐专营控制其他用途盐的流通和市场化，甚至为强化对“小工业用盐”的“严格管理”，很多地方的盐业公司不但专营了漂染、制革、制冰冷藏等其他工业用盐，还将专营扩大化，对海水晶、海水素、足浴盐、沐浴盐等品种盐也实行变相专营。即使是在已经放开了两碱工业盐的情况下，为防止冲击食盐市场，向盐业公司（盐务局）适当的备案、定点监控等管理手段是必要的，但一些地方也不应该在这些环节收取许多不合理的管理费用。

《方案》的实施，允许食盐定点生产企业以自主品牌开展跨区域经营，实现产销一体或委托有批发资质的企业代理销售，对盐业公司的销售形成直接的冲击。同时，《方案》指出要结合行政执法体制改革，探索推进食盐安全监管体制改革，研究剥离食盐批发企业承担的行政管理职能，创造条件将食盐质量安全管理与监督职能移交食品药品监管部门或市场监管部门负责，这意味着食盐经营企业实现政企分开走出了关键的步伐。因此，对盐业公司而言，《方案》的实施实际上对盐业公司提出了新的挑战。

以中国盐业总公司为例，面对改革和挑战，中盐主要加强了五方面工作：第一，实施战略转型。对整个业务体系进行重新梳理、重点塑造。第二，调整资产和组织结构。坚持有进有退、有所为有所不为的方向，关闭破产一些长期亏损、扭亏无望的企业，将小、散企业向优势企业集中，对业务互补企业进行重组合并。第三，加强扭亏脱困和增收节支。第四，加快推动原有食盐企业改革，重建营销体系。以创造价值为目标，实施内部产销改革。第五，加强区域整合和行业联合。整合北京、天津、河北三地盐业资源，成立了盐行业首家跨区域、产销一体的企业——中盐京津冀公司。先后与安徽盐业、内蒙古盐业、福建盐业签订战略协议，在食盐产品、品牌、渠道、服务等方面全方位开展多层次实质性的合作，探索新的食盐产销方式，开发高端盐品。

第三章 《盐业体制改革方案》实施后市场出现的新问题分析（2017）

一、食盐市场格局发生变化，竞争加剧

从市场供求来看，目前我国食盐产业正面临产能过剩的困扰。2016 年我国制盐能力达到 1 亿多吨，全年销售量为 9000 万吨。其中，食盐定点生产企业年产能 4800 多万吨，食盐销售量只有 990 万吨，现有企业产能远远超过食盐需求量。在此背景下，取消食盐产销区域限制，引入市场竞争，食盐企业和盐业公司势必出现为抢占市场而多方式竞销的行为。

以北京市场为例，改革前北京已有 16 家食盐批发企业，截至 2016 年 12 月 26 日，已备案的外地食盐批发企业共有 79 家，即便这一数字不再增加，那么实际上也意味着北京的食盐市场将由原来的 16 家批发企业占有变为由 85 家食盐批发企业重新分割。2016 年北京市食盐销售总量是 10.2 万吨，这么有限的市场由众多企业纷争，其竞争程度可想而知。由此，我们可以理解 2017 年上半年食盐市场讨论最多的“扣盐”事件，其实质是食盐市场格局发生变化，竞争加剧。

案例 1：淮盐卖得中盐卖不得？江苏句容盐商起诉当地盐务局

记者谢欣　编辑陈俊杰

盐业体制改革新政落地半年来，各地出现了不少推进难问题。在对食盐定点生产企业跨区域经营放开的同时，地方盐务局扣留外地盐事件却时有发生。是“地方保护主义”还是“违规经营”？各方对此说法不一。

此前，“中盐系”与江苏盐务管理部门已有 3 起案件在法院开庭审理。

近日，《每日经济新闻》记者独家获悉，江苏省句容市一盐商因不服句容市盐务管理局（以下简称句容市盐务局）没收其经营代销的中盐产品的处罚决定，将句容市盐务局告上法庭，目前案件已于7月18日被法院受理。

盐商起诉句容盐务局

《每日经济新闻》记者获取的上述案件行政起诉状显示：原告王某2017年1月1日前负责本地区淮盐的转代批工作，并获得了本案被告句容市盐务局颁发的食盐转批点资格铭牌。2017年1月1日起，王某开始从事中盐牌食盐的代批业务，并于2017年4月与中盐上海市盐业公司签订了相关合同。2017年5月5日，句容市盐务局以原告"不按规定途径购进盐产品"，涉嫌违反"《食盐专营办法》第十四条"①，对王某的"中盐500克包装精制盐105箱加5袋（共计4205袋）"进行了先行登记保存。但句容市盐务局在进行上述先行登记保存后，并未依据《行政处罚法》第三十七条之规定②，在7天内对王某做出行政处理决定。

6月2日，句容市盐务局向王某送达了《盐业违法案件行政处罚事先告知书》。句容市盐务局在该告知书中告知王某，因其"不按规定批发盐产品"，违反了"《国务院食盐专营办法》第十条"，拟对其做出"没收中盐500克包装精制盐105箱加5袋（共计4205袋）"的行政处罚。

6月12日，句容市盐务局向王某送达了《行政处罚决定书》，该决定书载明：依据国务院《食盐专营办法》第十条，根据国务院《食盐专营办法》第二十一条，结合自由裁量（JS110000YWCF-0008违法批发食盐数量不足500公斤的：责令停止批发活动，没收违法经营的食盐和违法所得，并处违法经营的食盐价值等值罚款）责令王某停止食盐批发活动，并做出以下行政处罚：没收中盐500克包装精制盐105箱加5袋（共计4205袋）。

---

① 《食盐专营办法》（中华人民共和国国务院令第197号）第三章第十四条规定：食盐零售单位和受委托代销食盐的个体工商户、代购代销店以及食品加工用盐的单位，应当从当地取得食盐批发许可证的企业购进食盐。

② 《中华人民共和国行政处罚法》（1996年10月1日施行）第五章第三十七条规定：行政机关在收集证据时，可以采取抽样取证的方法；在证据可能灭失或者以后难以取得的情况下，经行政机关负责人批准，可以先行登记保存，并应当在七日内及时作出处理决定，在此期间，当事人或者有关人员不得销毁或者转移证据。

而王某对此并不认同，其在起诉书中要求判令撤销被告所作的行政处罚决定；判令被告向原告发还被没收的中盐500克包装精制盐105箱加5袋（共计4205袋）；以及判令被告承担此案诉讼费用。

原告王某认为，其代销中盐牌食盐的行为，本质上并不是《食盐专营办法》中的“批发行为”，其代销中盐的行为与代销淮盐的行为性质一样，是一种依附于中盐公司或苏盐集团的代理销售行为，并非独立的经营行为。法律、法规也没有规定代销食盐的行为需要行政许可。句容市盐务局认定其进行食盐批发明显是事实不清，缺乏依据。

王某还认为，其代销食盐的行为符合《国务院关于印发盐业体制改革方案的通知》（国发〔2016〕25号）的精神，符合《工业和信息化部办公厅、国家发展改革委办公厅关于加强改革过渡期间食盐专营管理有关工作的通知》（工信厅联消费〔2016〕211号）（以下简称211号文）的规定。

211号文第一条规定，在2017年1月1日至2018年12月31日改革过渡期内，食盐批发企业（含取得食盐批发许可证的食盐定点生产企业）开展食盐销售经营活动可以通过四种方式进行，其中第四种为：通过现有渠道开展食盐销售业务。另根据起诉状，原告王某自20世纪80年代起就在句容地区开展食盐销售业务，并且已被句容市盐务局认定为“食盐转批点”并颁发了铭牌。王某认为，据此他属于211号文所规定的“现有渠道”，中盐上海公司完全可以通过他这样的一个“现有渠道”开展食盐销售业务。

被指造成市场壁垒

值得一提的是，江苏省盐业集团及其下属的句容市盐业公司，也同样通过王某进行食盐代理销售活动。

王某认为，句容市盐务局是在“选择性执法”，本质上是要达到淮盐在江苏地区的垄断、打击竞争对手、排斥外地产品进入本地市场的目的。他表示，“无法理解如果句容市盐务局认为自己无批发许可而批发中盐是违法的，那么自己在没有批发许可的情况下，为江苏省盐业集团、为句容盐业公司代理同样的销售活动，为什么就不违法了？为什么句容地区其他同样没有批发许可的经营者只要批发淮盐，就不被认定违法呢？”

此案原告方律师，上海博和律师事务所高级合伙人、上海市律师协会行政法业务研究委员会委员曹竹平律师认为：本案反映了整个盐业体制改革遇到的行政壁垒所折射出的一个重要问题，那就是食盐批发和代理代销的相关制度问题，在改革期间的处理和认定问题。转代批问题是否得到妥当处理，甚至直接关系到本次食盐体制改革的成功与否。

曹竹平对《每日经济新闻》记者表示，工信部211号文中已经明确，改革过渡期间内，各符合规定的企业，可以通过“现有渠道”进行食盐转批销售。本案原告王某在句容地区从事食盐转批经营近30年，在本次改革之前，他长期作为苏盐集团的批发商，并获得了句容盐务局颁发的转代批定点商户的铭牌，完全符合工信部211号文对“现有渠道”的认定。但问题是，这个“现有渠道”不能只为江苏省的食盐企业所用，跨区经营后，“现有渠道”的经营者有他们自己的经营自主权，有权依据市场情况选择转批苏盐或中盐。事实上，本案原告王某自2017年以来，也一直同时经营苏盐和中盐。为什么王某，包括句容地区其他食盐批发商批发苏盐的行为，盐政执法部门认为合法，而转批中盐的行为却被认定违法？

曹竹平认为，上述问题的成因是目前有些盐政执法部门政企不分而导致的行政壁垒。江苏省盐务管理局和苏盐集团公司是两块牌子一套班子，同样，句容盐务局实质就是苏盐集团句容公司。当地盐政部门实质上代表的是当地盐企的利益。本次食盐体制改革后，符合规定的外地盐企大量进入江苏地区，对苏盐的市场产生了冲击，因此，作为苏盐集团下属公司的句容市盐务局霸占“现有渠道”并做出了这样的选择性执法。

就此，针对王某及其代理律师的说法，《每日经济新闻》记者7月24日多次拨打句容市盐务局公开电话，但均无人接听。

资料来源：http：//www. ce. cn/cysc/sp/info/201707/25/t20170725_ 24410184. shtml.

案例2：盐业体制改革过渡期的利益阻击战

孔令春

停农用车封仓库、用大卡车堵商超、用剪刀挑开袋装盐、殴打企业员工……在盐业体制改革“过渡”半年后，一系列匪夷所思的场景，让背后的利益阻击进一步暴露。

近期，多家盐业企业向《中国经营报》记者提供视频、录音、文件等证据，反映在2017年进入盐业体制改革过渡期后，多地出现阻挡跨区域销售事件。业界认为，这些事件本身反映了背后所体现的利益格局，也是整个盐业改革最大的阻力所在。

根据国务院《盐业体制改革方案》，自2017年1月1日起，方案正式实施。其中，2017年1月1日至2018年12月31日为盐业体制改革过渡期。另据发改委与工信部文件要求，省、市、县三级盐业主管机构与盐业公司未分离的，2017年6月30日前要编制完成盐业监管体制改革方案，2017年年底前要实现政企（事企）分离。

“我认为这是既得利益团体的反扑，试图通过这种阻挡行为，给本区域企业赢得时间，也进一步巩固疆域。”一位盐业企业管理层人士称。

跨区经营频频受阻

根据国务院盐业体制改革方案，改革重点推进四项：一是改革食盐生产批发区域限制。允许生产企业进入流通和销售领域，开展跨区域经营。二是改革食盐政府定价机制。放开食盐出厂、批发和零售价格，由企业根据生产经营成本、食盐品质、市场供求状况等因素自主确定。三是改革工业盐运销管理。放开小工业盐及盐产品市场和价格。四是改革食盐储备体系。建立由政府储备和企业社会责任储备组成的全社会食盐储备体系。

方案明确指出，从2017年1月1日开始，放开所有盐产品价格，取消食盐准运证，允许现有食盐定点生产企业进入流通销售领域，食盐批发企业可开展跨区域经营，省级以下食盐批发企业可在本省（自治区、直辖市）内跨区自主经营。

但记者了解到，在盐业体制改革过渡期半年以来，有跨区经营受阻事件，大批的外省盐遭各地盐务局查扣、封存下架等情况出现。

湖北广盐蓝天盐化有限公司上海负责人对记者表示，据不完全统计，到目前为止，湖北广盐的盐产品在江苏地区被查157次，扣盐接近600吨，主要是针对零售商店，理由则是违反《食盐专营办法》第十条，国家对食盐批发实行批发许可证制度；以及第十四条，食盐零售单位和受委托代销食盐的个体工商户、代购代销店以及食品加工用盐的单位，应当从当地取得食盐批发许可证的企业购进食盐等。江苏各地盐务局采取先行登记保存，甚至没收或罚款的手段。对于“涉嫌违规经营”的，江苏基层盐务局却不说明任何理由，让盐企工作人员查看相关文件。

记者核实，方案正式实施以来，河南、安徽、江苏、贵州等多个省份均有查扣流入本地市场的外省盐的行为，扣盐的理由基本是“涉嫌违规经营”，依据的是《食盐专营办法》。但方案明确规定，食盐定点生产企业可持本省（自治区、直辖市）省级盐业主管机构颁发的食盐批发许可证（有效期至2018年12月31日为止）进入食盐流通销售领域，跨省（自治区、直辖市）自主经营。

“2017年1月以来，江苏省多地的盐务管理局对中盐上海公司合作的零售、商超、物流商户以涉嫌‘非法购进食盐’‘销售不合格食盐’‘非法批发食盐’等名义展开调查，将食盐小包装先行登记保存（扣押）。根据《中华人民共和国行政处罚法》第三十七条的规定‘先行登记保存应当在七日内及时作出处理决定’。然而，到如今，被扣盐产品依然没有依法处置。”中盐上海工作人员对记者表示。

对于食盐质量检测要求，发改办经体〔2017〕604号文[①]明确规定，有关部门不得以检测食盐质量为由扣押或者没收合法合规进入市场的食盐产品，不得影响企业正常销售；确有必要检测的，应以抽查形式检测食盐质量，并委托有资质的食盐检测机构依据相关食盐国家标准和行业标准进行检测，也可依据有效的企业标准进行检测；企业标准应严于国家标准和行业标准，并经当地食品安全标准主管部门备案，同时报全国盐业标准化技术委员会，全国盐业标准化技术委员会应在相关网站公布。专业食盐检测机构受有关部门委托抽检时应出具书面通知，抽检结果应书面告知企业。

① 国家发展改革委办公厅 工业和信息化部办公厅关于进一步落实盐业体制改革有关工作的通知（发改办经体〔2017〕604号），2017年4月7日印发。

盐务局被指扩大执法范围

盐业体制改革实施以来，允许食盐定点生产企业持食盐批发许可证跨区经营，市场主体呈现多元化，经营品种显现多样性，食盐价格基本稳定，但是稳中有降。国家发改委价格监测中心的数据显示，全国食用盐上架货源充足，品种丰富。

记者了解到，在盐业体制改革取得成效的同时，也衍生出了一些新的问题，传统食盐批发企业效益大幅下滑，甚至部分企业生存困难。究其原因在于，改革使食盐行业由垄断阶段进入了竞争阶段，原来的垄断格局被打破，造成了食盐价格大幅下降。面对激烈的市场竞争，效益大幅下滑，以致部分企业生存困难。

在盐业体制改革过渡期内，食盐批发企业（含取得食盐批发许可证的食盐定点生产企业）开展食盐销售经营活动可以通过自建物流系统或与第三方物流企业签订配送合同，委托其将食盐配送到商超、销售网点以及从事食品加工、餐饮服务的单位等食盐终端用户；自建分公司进行食盐销售业务，自建的分公司不得委托没有食盐批发许可资质的单位、个人开展经营活动；自建销售网点直接开展食盐销售业务；通过现有渠道开展食盐销售业务四种方式进行。

按照《工业和信息化部办公厅　国家发展改革委员会办公厅关于做好改革过渡期间食盐定点生产企业进入食盐流通销售领域和食盐批发企业开展跨区经营有关工作的通知》（工信厅联消费函〔2016〕585号）的规定，为方便有关部门履行监管职责，食盐批发企业在开展跨区经营时应将8项信息主动告知销售地省级盐业主管机构。省级盐业主管机构应于收到告知信息之日起的3个工作日内，在机构门户网站公布企业的8项信息，不得以任何理由拒绝公布。省级食盐批发企业开展跨区经营应告知的主要信息包括：企业名称；企业注册地址；企业生产经营地址；企业法人代表或负责人及联系方式；企业联系人及联系方式；企业营业执照注册号/统一社会信用代码；食盐批发许可证编号；企业所销售的食盐品种及其所依据的标准（国家标准、行业标准）8项信息。

但记者了解到，江苏基层盐务局发给商超的食盐安全检查目录需提供材料目录中显示，除了应告知的 8 项信息外，还需提供商超与各跨区经营食盐供应商签订的供货协议；各供应商的物流配送情况（如委托第三方物流配送，需提供第三方物流企业资质及供应商与该物流企业签订的委托配送协议）；各在售和近期将销售的跨区食盐产品的合格证及质量检测报告；各在售跨区食盐产品的发票；商超食盐产品安全自查、索票索证、销售记录、物流管理、不合格食盐召回等相关管理制度。

工信厅联消费函〔2016〕585 号文明确规定，省级及省级以下盐业主管机构不得将食盐跨区经营信息告知作为行政审批事项，不得新增告知事项，不得扩大告知范围，不得增加告知频率。

6 月 16 日，江苏省盐务管理局回复本报称，针对 8 项信息的问题，“经查，没有发现基层单位随意扩大增加告知信息的情况”。并称：“经我局核查，没有发现基层单位有禁止外省盐进入的情况，更没有围堵仓库门、打伤盐企工作人员等行为。”

盐企与盐务局矛盾激化

中盐上海盐业公司的声明中说：“江苏省盐务管理局在未取得任何证据的情况下，以内部通知之名，行行政处罚之实；以食品安全之名，行地方保护主义之实。不仅违反了党中央、国务院盐业体制改革方案精神，也破坏了行政执法部门的正义形象。”

6 月 15 日，江苏省淮安市涟水盐务局要求当地的苏果超市下架外省食盐，包括中盐、海星以及益盐堂和索特等外省盐。“通常盐务局业务员在门店巡视，一旦发现外省盐上架，盐政执法人员就会立刻要求下架，只要是外地盐都会被无理由地强令要求下架。上架第二天就被涟水盐务局以资料不全为由要求下架，我们把所有资料上交后，盐务局执法人员的回复是等通知。”中盐上海余先生说。

据记者了解，某省基层盐务局执法颇多争议之举。比如，该省某城盐务局用安徽牌农用车堵住湖北广盐蓝天盐业公司的仓库门；某县市盐务局用卡车堵在商超门口；某盐务局拦截物流配送车；某盐务局执法人员私自毁坏外省盐产品，到零售商店用剪刀把湖北广盐蓝天的盐全部划开，说这种盐不可以销售，对于原因却没有说法；省城某盐务局执法人员打伤员工，最后以个人名义私了……

“在某地市有个案件，当地盐务局先行登记保存后移交给公安，公安经过调查，因情节轻微，危害不大，不认为是涉嫌非法经营案撤销了案子。但是当地盐务局依然不发还我们的盐。”广盐蓝天负责人告诉记者。

从1月到4月底5月初，中盐皓龙总共发了3.1万吨盐，到目前为止被扣2万多吨，其中4000多吨被扣在各地盐务局手里，有一些是代为保管，另外一部分在客户手中被封存，不敢销售。

湖南永州公安局以非法经营罪抓捕了中盐皓龙3名业务人员，并提交到了检察院，3名业务人员与中盐皓龙公司签订的是用工协议，上有保险。类似这样涉案，截至目前，中盐皓龙已有25家。

“给我们的感觉就是省外的盐不让进，侵犯了他们的利益，以质量不合格，或者其他瑕疵之类的查扣封存下架。盐业体制改革以来呈现的是一种乱象，是一种地方保护主义，企业是一种弱势群体，作为一家企业是根本无法承受的，2000多名员工，我们的生存很困难。”中盐皓龙负责人对记者讲述道。

资料来源：http：//news. cnfol. com/guoneicaijing/20170617/24855386. shtml.

因而，盐业体制改革取消食盐产销区域限制，众多企业集中涌入销量有限的市场，市场格局发生变化。跨区经营必然导致原有的蛋糕要重新分配，新进入者为利而来，市场原有的占有者为利而守，冲突不免产生。政策的制定应衔接有序，益于理解操作，避免笼统冲突，否则市场主体将按各自理解行事，监管者也不易把握尺度。

二、食盐市场多品牌、多品种并存，监管难度加大

取消食盐产销区域限制，市场上的食盐不再只来自单一主体，食盐市场多主体、多品牌、多品种并存，必然会增加监管难度。以北京为例，近年来北京市没有发生严重的食盐质量安全事件，但问题食盐流入北京的现象也时有出现。取消食盐产销区域限制后，一些唯利是图的不法分子可能会利用外地食盐经销企业进入北京市场，进而私自生产、销售假冒伪劣食

盐，甚至是有毒盐。根据 2017 年 5 月笔者对北京市食盐市场的调研，目前北京市场外来盐占 20%左右，外部市场销售主体 20 个左右。这些外来盐都是企业自己检验并出具报告，由北京市食品药品监督管理局负责抽检，由县疾控中心入户抽检碘盐。

对消费者的调研表明，消费者购买食盐的过程中最关注还是是否加碘（65.24%）、是否有绿色产品/无公害产品/有机产品标识（61.8%）、品牌（56.65%）、生产日期（56.22%）等产品质量信息（见表 3-1）。无疑，主体、品牌、品种越多，监管越困难。

表 3-1 消费者购买食盐的过程中最关注的信息

选项	样本数	比例/%
生产经营者	71	30.47
品牌	132	56.65
是否加碘	152	65.24
原产地	51	21.89
组成成分	76	32.62
生产日期	131	56.22
是否有绿色产品/无公害产品/有机产品标识	144	61.8
其他（请填写）	1	0.43
合计	233	

此外，在监管难度增大的同时，保障监管力量也面临着困难。目前，食盐监管主要由盐务局承担，全国 2 万多人的盐政执法队伍每年需要执法费用将近 12 亿元左右，这些费用主要由盐业公司承担。市场竞争削减了盐业公司利润，有些地区盐业公司开始出现亏损，市场监管所需的执法费用难以保证，进而监管力量可能会削弱，难以适应变化后的市场需要加大监管的需求。

三、对改革的目的理解存在偏差，市场短期表现有些混乱

《盐业体制改革方案》明确提出“以确保食盐质量安全和供应安全为核心，在坚持食盐专营制度基础上推进供给侧结构性改革”，“建立公平竞

争、监管到位的市场环境，培育一批具有核心竞争力的企业，逐步形成符合我国国情的盐业管理体制”，“突出食盐安全，释放市场活力，注重统筹兼顾，坚持依法治盐”。然而，对于此次盐业体制改革，公众的态度并不完全统一，说明对改革的目的理解存在偏差，甚至一些地方市场短期表现有些混乱。这些偏差和混乱主要表现在：

（1）主体多且滥。好一点的找食盐类企业，有的则是找工业盐经营者，还有找社会闲散人员经销（不怕抓、不服管）。食盐批发企业跨区经营违法行为非常多，没有批发资格的企业大量出现，由于食盐靠规模，在跨区经营中，找区域代理商的情况非常普遍。

（2）假配送、真批发的情况严重。先以1000～1300元/吨批给配送者（以保证金名义），配送者再加价卖给零售者。假配送，实际上是没有订单，而是先送去卖了以后再结算。

（3）食盐储运问题较大。跨区经营者大多达不到604号文的仓储、运输条件。

（4）签订虚假劳动合同严重。

（5）产销不能一体化。现在生产企业找一些人销售，不利用原有渠道，实际上是严重浪费，而且造成质量隐患。

（6）低价倾销现象严重。在江苏市场上，最低一吨盐900多元，亏本抢占市场，恶性竞争。有的地方甚至出现一分钱一袋盐。江苏省两个地级市亏损。

（7）违规案件处理难。如604号文禁止了一些行为，如签订虚假合同，但没有处罚规定，处理起来无规可依。

（8）关于食盐电子追溯问题。建设追溯系统会使企业成本增加，比如江苏省全省增加2000万元成本（运行成本），还不包括建设成本，这使其效益下降5%左右。因为没有强制要求，一些企业可能要退出，对食盐质量安全构成威胁。每一袋盐因实施电子追溯增加0.07元的成本。

四、食盐质量安全监控和特殊地区碘盐供应有待加强

允许跨区经营，市场生产经营主体集中关注如何扩大市场占有率，短

期内市场表现出对食盐质量安全关注不够，对食盐质量安全的监控力度也不足。调研组在甘肃的调研进一步验证了这一市场状况。

例如，从进入甘肃省临夏市开展跨区经营的生产批发企业看，武阳盐化临夏分公司负责人也是临夏市东临皮毛市场负责人，其自 2014 年下半年以来长期代理销售青海宗明盐业公司和武阳盐化的工业盐，市场检查时发现其竟将碘盐标志交给客户自行粘贴。高台北坡盐业有限公司临夏州分公司负责人的实际老板是临夏市沈记调料批发部负责人，其因长期违法经营食盐被盐务部门多次查处；青海盐业公司直接委托个体工商户批发食盐；重庆索特盐化股份有限公司委托第三方物流后又二次转签等。这些会使食盐质量安全风险增加。

甘肃临夏回族自治州是少数民族贫困地区，也是碘缺乏病的重病区，是西北地区最大的皮毛集散地，由于工业盐用量较大，也是甘肃省私盐冲击最严重的地区。受工业盐放开经营的影响，皮革防腐剂等非食用盐产品大量涌入，一些新成立的工业盐公司对用户不加区分，不问用途，随意供应。

在对临夏市广河县祁家集镇祁家集村道的入户调研中，笔者发现食用工业盐情况比较普遍。工业盐主要是皮革加工用的，0. 25～0. 30 元/每斤，有的 0. 20 元/每斤，而食盐 1. 2～1. 5 元/每斤。当地人这样做的原因一是思想观念不重视碘盐；二是认为皮革用盐吃起来好吃，碘盐有苦味；三是价格便宜。最主要的原因是 2015 年下半年放开小工业盐后，难以管理。目前的广河县 20 万人口，约 70%吃工业盐，食盐每年最多销售 300 吨，实际需求应该 1000 吨左右。销售减少的原因一是个别贫困家庭无偿配盐；二是劣质盐影响正常食盐的销售和价格。

跨区经营在对食盐质量安全的影响上，还表现出碘盐的合理保障难度加大。例如，江苏省徐州地区是高碘地区，但是上海盐业公司在徐州高碘地区却销售碘盐（应销售微加碘盐）。同样，也出现过安徽东兴公司向缺碘地区销售微加碘盐的案例等。

另外，由于政策宣传力度不够，盐业体制改革给老百姓的感觉就是食盐放开了，一些盐贩子摇身一变成了某个盐场的区域经理，好像是什么人都可以卖盐，什么盐都可以卖了。再加上一些错误的报道，有使消费者对碘盐认识不到位的趋势。在笔者对消费者的问卷调研中，有 28.76%的消费者认为“中国人目前已经不需要吃碘盐了”，33.48%的消费者认为“甲亢是因为碘盐食用过量导致的”，60.52%的消费者认为“碘盐与甲状腺疾病（甲状腺结节、甲状腺癌等）有直接关系”，36.91%的消费者认为“吃海产品可以代替碘盐补碘”（见表 3-2）。

表 3-2　消费者对碘盐的认知情况

选项	样本数	比例/%
中国人目前已经不需要吃碘盐了	67	28.76
甲亢是因为碘盐食用过量导致的	78	33.48
碘盐与甲状腺疾病（甲状腺结节、甲状腺癌等）有直接关系	141	60.52
吃海产品可以代替碘盐补碘	86	36.91
合计	233	

第四章 《盐业体制改革方案》具体评估事项的进展情况分析（2017）

一、剥离食盐批发企业承担的行政管理职能及移交相关部门的进展

（一）各省（自治区、直辖市）关于食盐批发企业政企分开改革的政策文件获得批复

根据《国务院关于印发盐业体制改革方案的通知》（国发〔2016〕25号）精神，截至2017年1月4日，国内31个省、自治区和直辖市的盐业体制改革方案已经获得了发改委和工信部的批复。这从政策层面明确了要在2017年12月31日前剥离食盐批发企业承担的行政管理职能，将行业管理职能移交盐业主管机构，将食盐质量安全管理与市场监督执法职能移交同级食品药品监管部门或市场监管部门，实现政企分开。

从省、自治区和直辖市盐业体制改革实施方案的内容看，它们都明确强调本次改革要以确保食盐质量安全和供应安全为核心，在坚持食盐专营制度基础上推进供给侧结构性改革，坚持依法治盐，创新管理方式，健全食盐储备，严格市场监管，建立公平竞争、监管到位的市场环境，培育一批具有核心竞争力的企业，逐步形成符合我国国情的盐业管理体制。改革方案基本明确了主要任务并提出了积极有效的保障措施。

从各省盐业体制改革实施方案关于食盐批发企业行政管理职能的剥离设计情况看，主要分几种类型：

第一类，原盐务局行政管理职能整体划拨。将盐务局直接从各个盐业公司剥离，盐务局的组织机构或行政管理职能整体直接划拨到相应的行政

管理部门（见表4-1）。

表4-1 原盐务局行政管理职能整体划拨的省市情况

省份	整体划拨情况
陕西	保持现有专业化食盐监管体制不变。省盐务管理局负责全省食盐质量安全监管、盐业行业管理和食盐专营管理
四川	保留四川省盐务管理局牌子，在省经济和信息化委挂牌
辽宁	保持现有专业化食盐监管体制不变。将原盐务局整体划拨到省工业和信息化委管理。省盐务管理局仍然负责全省的盐业日常管理和监督工作
黑龙江、吉林	省粮食局是省政府盐业主管机构，加挂盐务管理局的牌子，主管全省盐业工作。市（州）、县（市、区）粮食行政管理部门负责本行政区域的盐务行政管理职能，并加挂盐务管理局的牌子
山西、河北	将省盐务局整体划拨到省供销社。省供销社是省盐务管理局的主管部门，省盐务管理局是省盐业主管机构，依法负责全省盐业工作
海南	将省盐务局的职能和行政在编人员全部划转至省食品药品监管局，在省食品药品监管局新成立食盐管理处
湖南	将食盐定点生产许可证、食盐批发许可证核发等食盐专营行政职能和食盐质量安全管理与监督职能，移交省食品药品监管局负责，撤销省盐务管理局

第二类，原盐务局分职能划拨。将批发企业原有的行政管理职能划分为两个部分：一是盐业行政管理、食盐专营工作和当地盐业发展规划及产业政策的制定；二是食盐质量安全管理与监督。在此基础上，将不同的职能划拨到对口的行政部门进行归口管理（见表4-2）。

表4-2 原盐务局分职能划拨的省市情况

省份	管理方式	分职能划拨情况
山东、安徽、江苏、福建、浙江、上海、内蒙古、宁夏、重庆、湖北、青海	省经信委和食药监部门共同管理	由省经济和信息化委员会承担全省盐业行政管理工作，负责制定全省盐业发展规划和产业政策，管理全省食盐专营工作；食品药品监管部门或者市场监管部门负责食盐质量安全管理与监督职能
广西、河南、江西、甘肃、云南、西藏	工信部门和食药监部门共同管理	盐业主管职能移交工信部门负责，食盐质量安全管理与监督职能移交食品药品监管部门负责
北京	商委和食药监部门共同管理	由北京市商务委员会（北京市盐务管理办公室）作为北京市盐业主管机构，负责北京市盐政、盐务的行业管理工作。北京市食品药品监督管理局负责依法对食盐质量安全进行监管

第三类，尚未明确相关职能的划分的地区，包括广东、天津、新疆。这些地区的盐业体制改革实施方案和相关文件尚未明确相关行政管理职能的划分。

（二）盐业监管体制改革方案编制工作正在进行中

国家发改委、工信部2017年4月印发的《关于进一步落实盐业体制改革有关工作的通知》（发改办经体〔2017〕604号）指出，要加快清理地方性法规和政策中与《方案》精神不符的条款，2017年6月30日前要完成清理工作。省、市、县三级盐业主管机构或食盐质量安全管理与监督机构与盐业公司未分离的，2017年6月30日前要编制完成盐业监管体制改革方案，2017年底前要实现政企分离。

从全国来看，在6月30日之前，只有四川、贵州、广西、云南、陕西、江苏等省份陆续公布了盐业监管体制改革方案，其他省、自治区和直辖市相关改革方案尚未出台。

（三）各省、市、县级盐业体制改革方案执行情况参差不齐

调查显示，目前各级盐业公司行政管理职能的剥离工作尚未有效开展，只有7.6%的企业完成或者基本完成了相关工作，这类企业主要分布在湖南、河南、陕西、云南和湖北等地；51.9%的企业正在进行中，主要分布在湖南、甘肃和福建地区；另外25.95%的企业尚未开展相关工作（见表4-3）。

表4-3　关于剥离食盐批发企业承担的行政管理职能的情况

选项	样本数	比例/%
已完成	6	3.80
已基本完成	6	3.80
正在操作	82	51.90
尚未开始行动	41	25.950
未填	23	14.560
合计	158	100.00

被调查的大多数公司（63.29%）将食盐质量安全管理与监督职能移交到了食品药品监管部门，还有一些公司（17.08%）将相关职能移交到了质量监管部门和其他部门（见表4-4）。

表4-4　关于食盐质量安全管理与监督职能移交到相关部门情况

选项	样本数	比例/%
食品药品监管部门	100	63.29
工商管理部门	1	0.63
质量监督部门	8	5.06
其他部门	18	11.39
未填	31	19.62
合计	158	100.00

访谈调查显示，虽然目前部分省级公司依照《方案》要求完成了相关配套改革政策的出台，但是，市县级公司在具体执行过程中存在执行不到位的问题。其主要原因在于大多数省级盐业公司与相关的食品药品监管部门之间有关食盐监管责任的划分、原监管人员的处理等问题尚未有效解决，直接导致下级市县级公司相关工作无法推进。另外，盐业批发企业长期以来受到相关体制的保护，缺乏市场竞争意识，从思想上惧怕竞争，回避竞争。

二、建设食盐电子追溯体系的进展

《方案》明确强调要加强食盐管理制度建设，保障食盐供应安全，加快信用体系建设。各级盐业主管机构要会同有关部门、行业协会建立食盐生产、批发企业及其负责人和高管人员信用记录，纳入国家统一的社会信用体系。其中，食盐电子追溯体系的建设是重要的保障。

（一）国家层面

中国盐业协会在工信部指导下，于2016年12月成立了全国食盐电子防伪追溯服务平台管理中心，并于2016年底完成了全国食盐电子防伪追溯服务平台的建设工作，目前平台已经正式运行，现有24家食盐定点企业入网注册并通过认证，10 家正在认证中，累积发码 3.22 亿枚。

食盐电子追溯体系需要在食盐定点生产企业分别建立电子信息追溯系统，食盐产品在包装生产线进行信息扫描后，自动上传至全国食盐电子防伪追溯服务平台，生产企业出库、批发企业入库环节也通过智能移动终端设备完成信息采集后上传全国平台，全国平台记录了每一袋食盐的生产、流通、消费等全过程履历。全国平台不仅重视生产源头真实性、中间环节连续性，更注重消费追溯便捷性，为消费者提供了免费、多样、便捷的查验方式。使用手机扫一扫，便可以进行食盐产品查询，及时辨别真伪，确保消费者食用合格食盐。此外，它还能够满足各级监管部门对食盐市场监管的要求，可以为市场监管提供实时、准确、一体化的食盐安全信息查验和预警服务。

在技术方面，全国食盐电子防伪追溯服务平台进行了大量技术创新。全国首次以标码合一标志作为追溯载体，采用食盐质量安全信息追溯二维码与碘盐、未加碘食盐证明商标相结合的方式，同时解决了碘盐、未加碘食盐证明商标不可追溯和二维码不能防伪的问题，这样既实现了追溯又实现了防伪。其次，标码合一标志严格执行闭环管理，平台统一编码、统一样式、统一采集、统一公开信息，不给假冒伪劣分子可乘之机。

相关部门建议 2017 年底前，食盐定点生产企业和批发企业要建立电子防伪追溯系统，对接全国食盐电子防伪追溯服务平台。2017 年，中国盐业协会将建立所有食盐企业信用记录，开始对违规经营、破坏市场秩序的行为进行信用不良记录并公示。

（二）省、自治区和直辖市层面

对建设食盐电子追溯体系的认识方面，调查显示，多数企业认为食盐电子追溯体系对有效保障食盐质量十分重要。75.95%的企业表示，建设食盐电子追溯体系可以有效保障食盐质量，十分必要。64.56%的被调查企业表示，希望把是否建立电子追溯体系作为市场准入的门槛（见表 4-5）。

表 4-5　关于对建设食盐电子追溯体系认识的情况

选项	样本数	比例/%
有必要，可以保障食盐质量	120	75.95
没有必要，对食盐质量保障不大	29	18.35
给食盐生产经营企业增加了成本	37	23.42
只要销售食盐就应该建立	70	44.30
要把是否建立电子追溯体系作为市场准入的门槛	102	64.56
合计	158	100.00

在食盐电子追溯体系的建设情况方面，一些企业已经建立和初步建立追溯体系。已建立较为完善的追溯体系的企业占调查对象的 16.46%，实现初步可追溯的企业占被调查对象的 23.42%，28.48%的企业表示准备建立食盐电子追溯体系，有 31.65%的调查对象表示企业没能力建立食盐电子追溯体系（见表 4-6）。

表 4-6　关于建设食盐电子追溯体系的进展情况

选项	样本数	比例/%
准备建立食盐电子追溯体系	45	28.48
初步建立追溯体系，初步可追溯	37	23.42
已建立较为完善的追溯体系	26	16.46
没能力建立食盐电子追溯体系	50	31.65
合计	158	100.00

在建设形式上，52.53%的样本选择的是全省共建的形式，10.76%与其他省份共建，13.29%与本地区其他行业一同建设，23.42%采用自建形式（见表 4-7）。

表 4-7　关于已建设或准备建设食盐电子追溯体系采取的建设方式情况

选项	样本数	比例/%
自己建设	37	23.42
全省统一建设	83	52.53
与本地区其他行业一同建设	21	13.29
与其他省份共同建设	17	10.76
合计	158	100.00

调查显示，省、自治区和直辖市层面的大多数食盐企业认可食盐电子追溯体系的建设是必要的，但是企业在具体实施过程中动力不强。原因在于，该体系的建设增加了企业的成本。以食盐生产企业为例，调查显示，建设和加入该体系，企业每袋食盐的成本要增加 0.07 元。而一些市级尤其是县级的小企业，对食盐电子追溯体系的建设持不认可态度。原因在于：观念上认为该系统的建设没有必要，对食盐质量保障不大。另外，还有部分企业在技术、人才和资金方面没能力建立食盐电子追溯体系，这部分企业占被调查企业的 31.65%。

三、建立政府食盐储备体系、企业责任储备制度和后续督促评估机制的进展

建立政府食盐储备体系、企业责任储备制度，是维护食盐市场稳定，加强食盐市场风险防范，确保自然灾害和突发事件发生时食盐的安全供应的重要保障。按照国家发展改革委、工业和信息化部发出的通知要求，各地要限期建立食盐政府储备和企业社会责任储备。2016 年 12 月 30 日，全国食盐储备约 155 万吨，为全国小包装食盐 3 个多月的销量，食盐储备责任得到了有效落实。

以四川省为例，2017 年 1 月 18 日，四川省经济和信息化委员会“关于印发《四川省食盐储备管理办法》的通知”（川经信轻纺〔2017〕1 号），要求四川省各食盐定点生产、批发企业认真贯彻落实。《四川省食盐储备管理办法》明确规定，“四川省经济和信息化委员会作为省级盐业主管机构，负责管理食盐储备工作。负责对库存情况的监督检查，统一调度食盐储备，组织保障应急供应”“政府食盐储备由四川省盐业总公司作为主要承储企业。承储企业利用现有仓库设施储备，储存总量不低于全省上年实际食盐月均销量。储备数量每年初由省级盐业主管机构会同财政厅核定。储备食盐的质量必须符合国家食用盐标准”“省级财政负担政府食盐储备的补贴费用，主要包括贷款贴息和管理费用，管理费用采用包干使用方式核定”“政府食盐储备因改销、轮换和市场变化等因素造成的储备盐跌价损失由省级财政据实核销”“食盐生产和批发企业，最低库存不得低

于本企业正常情况下 1 个月的平均销售量。储备的食盐品种自行确定，仓库、资金、费用等由储备企业自行解决，成本自担”“储备企业采用滚动储备，定期轮换的管理模式，由承储企业自主安排每年对储备食盐至少轮换两次”。并且，该办法对食盐承储企业的责任做出了详细的规定。

关于建立食盐储备体系，82. 28%的被调查企业认为很有必要，如果上级要求就进行储备的占 9. 49%，只有少数企业认为没有必要（3. 8%）或可有可无（4. 43%）（见表 4-8）。

表 4-8　关于对建立食盐储备体系必要性的认识情况

选项	样本数	比例/%
很有必要	130	82. 28
没有必要	6	3. 80
可有可无	7	4. 43
看上级的要求	15	9. 49
总计	158	100. 00

调查表明，50. 63%的企业认为建立食盐储备是法定义务，应该储备；38. 61%的企业认为补贴很重要，给补贴是增加储备意愿的条件（见表 4-9）。

表 4-9　关于建立食盐储备的意愿的情况

选项	样本数	比例/%
法定义务	80	50. 63
企业自愿	14	8. 86
给补贴就储备	61	38. 61
给补贴也不储备	3	1. 90
合计	158	100. 00

调查也表明，按照盐业体制改革方案的要求，食盐储备任务完成的情况较好。68. 35%的被调查企业按盐业体制改革方案的要求完成了食盐储备任务，17. 72%的被调查企业按盐业体制改革方案的要求部分完成了食盐储备任务（见表 4-10）。

表 4-10 关于是否按盐业体制改革方案的要求完成食盐储备任务的情况

选项	样本数	比例/%
按要求完成	108	68.35
部分完成	28	17.72
没有用于储备的盐	17	10.76
盐业体制改革前也没有储备	5	3.16
合计	158	100.00

四、改革过渡期间财政补贴到位的进展

根据国务院印发的《盐业体制改革方案》，在盐业改革期间需要政府给予财政补贴的领域主要有边远贫困地区碘盐补贴、食盐储备补贴、人员安置补贴。

（一）边远贫困地区碘盐补贴

《方案》强调，为了保证科学补碘，确保合格碘盐覆盖率在 90%以上，同时满足特定人群非碘盐消费需求，各地可根据实际情况，灵活选择政府补贴运销费用或直接补贴贫困人口等方式，保证边远贫困地区和经济欠发达的边疆民族地区人口能够吃得上、吃得起合格碘盐，并建立与社会救助标准、物价挂钩的联动机制，及时调整保障标准。

边远贫困地区碘盐补贴是一项在本次盐业改革之前已经长期实施的财政补贴项目。根据《全国重点地方病防治规划（2004—2010 年）》，在海南、重庆、四川、云南、西藏、甘肃、青海、新疆、内蒙古、辽宁、福建、贵州、陕西和宁夏等省（区、市）实现消除碘缺乏病，对于边远贫困缺碘地区给予碘盐财政补贴。西藏自治区自 2006 年起，新疆维吾尔自治区自 2007 年起，大面积发放碘盐补贴。西藏自治区在政府的大力支持下，每年安排专项资金 1100 万元；2012 年新疆维吾尔自治区投入碘盐补贴 3537 万元，使得两区碘盐覆盖率迅速提高到 90%以上。

《盐业体制改革方案》公布以后，从各地的盐业改革方案看，边远贫困地区碘盐补贴仍将继续执行。如甘肃省卫生计生委、甘肃省发改委、甘肃省财政厅 2017 年 8 月 31 日联合印发了《“十三五”甘肃省地方病防治

规划》，在贫困地区落实碘盐财政补贴政策，防止出现新发克汀病病例，保护儿童智力发育。到2020年，全省95%以上的县保持消除碘缺乏危害状态，全省75%以上的病区县实现消除克汀病目标。

（二）食盐储备补贴

《方案》要求建立由政府储备和企业社会责任储备组成的全社会食盐储备体系，确保自然灾害和突发事件发生时食盐和原碘的安全供应。根据已出台的31个省市盐业改革方案，各地食盐储备方式可分为政府直接提供、政府指定企业提供和政府购买、市场提供三大类别。各省（区、市）根据本地食盐供需情况建立政府食盐储备，储备量不得低于本省（区、市）1个月食盐消费量，可以依托现有食盐批发企业仓储能力，也可以选择具备条件的食盐生产企业实施动态储备，本级财政预算应安排资金对食盐储备给予贷款贴息、管理费支出等支持。同时加大对储备补贴资金的审计力度，接受社会监督。

《方案》公布以后，各省（区、市）也都发布了该省（区、市）的盐业改革方案和食盐储备管理制度。内蒙古、吉林、福建、山东、广东、海南、四川、西藏、陕西、甘肃、宁夏11个省区市采取了政府指定企业提供的方式；天津、山西、黑龙江、上海、江苏、浙江、湖北、贵州、云南、新疆10个省区市采取政府购买、市场提供的方式，通过委托或招标确定具备仓储能力的企业协助政府完成储备任务；河南采取了政府直接提供的方式；北京、河北、辽宁、安徽、湖南、青海6个省市未提及政府食盐储备方式。凡是涉及政府指定或委托企业代为储备，政府都需要对企业支付财政补贴。

根据调研，部分经济效益较好的盐业生产企业对食盐储备兴趣不高，认为所得到的补贴有限，但储备需要占用大量的场地，还需要维护管理，效益不大，不如集中精力做好本企业产销工作。但也有一部分生产企业对有财政补贴的食盐储备项目兴趣较高，积极参与食盐储备项目的投标。

（三）人员安置补贴

从各省改革方案来看，多数省份未明确盐政执法人员的分流安置问题。上海、江苏、浙江、福建、江西、山东、湖南、重庆、四川、甘肃、宁夏 11 个省（自治区、直辖市）提出了“分步走”，自 2017 年 1 月 1 日开始，设置 1~2 年的改革过渡期。在过渡期内，完成盐政执法、食盐安全监管等职能的部门确权，做好相关人员的安置工作。

一些省份在方案中明确了财政资金对过渡期内盐业监管工作的经费支持。比如，江苏提出每年提供 8000 万元，用于专职盐政执法人员工资补贴。此外，内蒙古和安徽提出“人随事走”的原则，对原有盐业监管人员进行分流和安置。

五、鼓励盐业企业依托现有营销网络、开展综合性商品流通业务的进展

国务院印发《盐业体制改革方案》引起了社会各界的强烈反响，但盐业企业显得很平静。长期以来，盐业体制改革一直在讨论中，这次出台的《方案》和盐业企业的预期是一样的，各个盐业企业早已着手准备，都已有所动作。

（一）积极布局高端盐，开辟新业务

资料显示，中盐在高端食盐方面积极布局。2014 年，中盐上海市盐业公司与美国莫顿盐业公司签订合作意向，引进美国不同类型的高端盐产品。目前，中盐已涉足盐化、农用化肥及农药产品、精细化工等领域，形成无机化工、农业化工、精细化工、日用化工等系列产品格局。

除了中盐，一些民营生产企业也着手开辟新的业务。新都化工 2015 年年报显示，2011 年新都化工就与全国 15 个省份的盐业公司建立了业务合作关系，与多家省级盐业公司共同投资设立合资企业，并确定海藻碘盐和低钠盐两个发展方向。据了解，新都化工在上游控制了氯化钾和海藻碘 30%的产能，而且是目前为数不多有食品添加剂牌照的企业。在大力拓展品种盐的同时，公司还将触角延伸到了与盐有关的调味品领域。中国品牌研究院食品饮料行业研究员朱丹蓬认为，投资企业和已经做强的调味品企业或将成为最先进入食盐领域的企业。营销网是最佳的切入点，调味品和

食盐的渠道高度重合，并且有丰富而稳定的客户群，是最容易与盐企合作的。①

（二）实施业务多元化，增强企业应变能力

作为可能受此次盐业改革冲击最大的各级盐业公司，也早就开始采取措施，推进业务多元化，增强企业应变能力。广东盐业集团是食盐销量连续多年在全国所有省份中排名第一的省级盐业公司。为应对盐业体制改革带来的冲击，广东盐业集团自2012年就开始着力构建多元化产业布局，以应对这一挑战。

在食盐经营业务方面，广东盐业集团与上游资源企业开展战略合作，整合供应链，同时与下游客户建立紧密合作关系，争取在市场条件下保留食品加工用盐一定的市场份额。具体而言，要在中低端食盐市场“寸土必守”，以低利润换取市场占有率；在高端食盐市场以质取胜，主打绿色、有机、高质等概念，加大澳洲湖盐等高端食盐产品的推广力度。

在多元化经营方面，广东盐业集团近年还涉足房地产开发和资本市场业务。据了解，盐业集团的土地资源储备共有4.7万亩，且已组建成立广盐房地产开发公司，引进专业团队，实行专业公司运作，以市场化方式，开展房地产项目。盐业集团还成立了广盐小额贷款公司，出资参与资本市场定向增发。该集团将选择新成立的广盐连锁公司、广盐乳业公司、广盐地产公司、广盐酒业公司等企业作为试点，探索混合所有制改革，力争培育两家上市公司，取得经验后逐步向其他二级企业推广。② 广东盐业集团应对盐业改革的思路是：通过分销渠道体系和直销渠道体系推进“广盐健康大厨房”商业模式，打造“真品、安全、有机、健康”食品供应链；2014年引进新西兰GMP制药集团旗下的“奥戈尼”有机奶粉，致力于做中国有机奶粉行业第一品牌；逐步把“放心食盐供应商”升级为“放心食品公共服务平台”，构建“F2C（工厂、农场—消费者）+O2O（线上线

① 盐业体制改革鼓励引入社会资本或迎来盐企大整合［EB/OL］.（2016-5-20）http://news.spzs.com/NewsView/75004.html.

② 广东盐业：试水O2O多样化经营打破单一僵化困局［EB/OL］.（2014-12-02）http://gz.leju.com/news/2014-12-02/08415945345824405111701.shtml.

下）”的新商业模式，努力做广东消费者优质安全食品整合商、平台商、服务商。

江苏省盐业集团着力化解了21世纪盐化破产负面影响，推动井神股份上交所首发上市，实现了盐化工板块的资产证券化；“苏盐生活家”线上线下开业运营，打造国内首创的零售4.0和O2O商业模式，聚焦全球排名TOP 10的绿色健康产品。该企业“十三五”计划致力于“建设全国有影响、全省有贡献的大型现代科工贸产业集团”。

安徽省盐业总公司坚持多元化发展战略，目前投资设立的房地产、钢材贸易、小额贷款、典当公司等股权多元化企业，保持着良好的发展势头，企业正逐渐摆脱对食盐专营的依赖。2016年3月，旗下互联网金融平台——徽盐金融，累计交易金额突破5亿元，成为安徽省P2P网贷领先企业。“十三五”发展战略：打造安徽盐业核心竞争优势；发展批发零售、房地产开发、类金融三大主业；实施“营销网+”产业延伸计划和“互联网+”融合构建计划；培育一项新兴环保产业，在“十三五”末期，成为资产和收入“双百亿”的大型综合服务企业集团。

（三）推进混合所有制改革，转型升级

江西盐业集团2015年完成混合所有制改革，流通板块领军企业江盐华康实业公司致力于成为江西省最大的厨房食材为主、其他快消品为辅的渠道专营商，重点推进“华康生活家”联盟连锁项目，导入优质餐厨快消品。制盐板块核心企业晶昊盐化公司致力于建成南方区域性供盐中心、全国制盐行业标杆企业、全国健康盐的研发中心、循环工业的示范园区。集团总体战略定位：“盐资源综合利用开发商”与“快消品网络渠道综合运营商”。

湖南轻工盐业集团的核心企业湖南盐业股份有限公司2015年12月30日通过辅导备案登记，正式启动IPO程序。2016年1月，电商平台“开门生活”正式上线，1月9日第一家线下自营实体店在娄底开业，电商平台以“盐+互联网+食品”业务拓展模式为切入点，致力于打造中国盐行业第一电商品牌。旗下轻盐创投公司是湖南省国资委下设的专业投资平台之

一，管理资产超过40亿元，年利润过亿元。“十三五”发展战略：努力打造湖南省轻工食品行业领域的投资控股平台，成为华南地区最具竞争力的盐产业集团和食品商贸集团，到2020年实现集团总资产200亿元、年销售收入120亿元的目标，发展成为一个产融结合的市场化、现代化的企业集团。

浙江省盐业集团管控调整已经基本到位，随着组建浙盐专营、浙盐控股、浙盐连锁、宝程投资公司等板块企业，组织架构搭建完成，下一步关键是提质增效。该企业“十三五”发展规划提出“百亿浙盐”发展目标和“一转二合三板块”的战略方针，以资源整合、产融结合为发展路径，着力打造盐业、投资和新兴业务三大板块，实现由实业型集团向实业型和投控型并重的集团转型。①

云南盐业具有产、供、销三位一体的全产业链优势，采取的是以销定产的生产方式，产销资源的高效整合，有利于云南省盐业最大限度地确保省内市场份额，并为拓展省外市场创造优势条件。在渠道上，上海直营店的开设就是云南省盐业开展跨区域经营的有效尝试。面对盐业体制改革，云南省盐业为实现盐产业的区域布局，将实施“三步走”战略。首先，立足云南，以公司产销一体化优势，推动公司云南市场深耕，尤其强化市场化涉盐的市场份额和效益；强化对供应链运营平台、资本运作平台、空间战略发展平台的推进。其次，走向全国及东南亚、南亚。在第一步基础上推动制盐企业及相关上下游的全国化，形成品牌、生产、营销、终端的全国化，同时探索国际市场。最后，深耕既有市场，机会性发展其他市场。将国际贸易进一步复制，产供销一体化模式逐步发展，以大型盐产业链供应集团的身份推动探索关联行业协同发展的机会。②

六、建立更加严格的工业盐流向监管制度的进展

根据《方案》内容，各省级人民政府要切实执行放开工业盐运销管制

① 省级以上盐业公司主要负责人盘点——兼论盐业改革应对措施［EB/OL］.（2016-03-13）［2020-03-22］. http：//blog. sina. com. cn/s/blog_ 945399f90102xmil. html.

② 栗萌子欣．云南省盐业“三步走”实现盐产业区域布局［EB/OL］.（2017-06-20）［2020-03-22］. http：//www. ynzxb. cn/xwpd/caijingBaoDao/131291. shtml.

的要求，并研究制定落实细则和责任追究等有关管理办法，工业和信息化部要加强督促检查。工业盐生产企业应当建立、保存完整的生产和销售记录，严格防止工业盐流入食盐市场。质检部门要督促生产企业提高产品质量，加强工业盐产品质量监管，依法查处不合格产品，工商部门要依法查处虚假广告和侵权假冒行为。

市场上供应的食盐必须为合格的加碘食盐。而工业盐不含碘、杂质多，且重金属含量高，食用会导致人体碘元素缺乏、胃肠道功能紊乱、损害神经系统，容易出现大脖子病等现象，重则还可能引起亚硝酸盐中毒，对孕妇和儿童危害更大。无良商家之所以青睐工业盐，原因就在于，工业盐相对于食用盐最高价差近10倍。如此高的原料价差，对于酱油、腌制品等高耗盐的产业，诱惑力实在太大，有人便会铤而走险。近些年"工业盐咸蛋""工业盐猪血""工业盐酱油"等食盐安全问题层出不穷，甚至出现了江苏一公司非法制售"农药废渣盐"案件，"农药废渣盐"1.4万吨，流入全国12个省、市盐业市场，部分"农药废渣盐"冒充食盐流向餐桌。"废渣盐"主要用于制作小食品，危害巨大。

调查显示，12.03%的被调查者所在地区，工业盐冒充食盐销售的情况发生较多，曾造成严重后果；27.85%的被调查者所在地区，工业盐冒充食盐销售的情况发生较多，但未造成严重后果；43.04%的被调查者所在地区，工业盐冒充食盐销售的情况偶尔发生；7.59%的被调查者所在地区，从未发生过工业盐冒充食盐销售的情况（见表4-11）。

表4-11 关于所在地区发生工业盐冒充食盐销售的情况

选项	样本数	比例/%
从未发生	12	7.59
偶尔发生	68	43.04
发生较多，但未造成严重后果	44	27.85
发生较多，曾造成严重后果	19	12.03
不清楚	15	9.49
合计	158	100.00

《方案》对工业盐生产、运销开展市场化改革的同时，为了保障食盐

安全也加强了工业盐监管要求。一方面，要求加强食盐生产批发企业资质，强化市场准入把关，强化监管主体的专业化监管责任，在技术上强化信用体系建设，加速食盐电子追溯体系建设，使得工业盐难以混入食盐市场进行销售，即使混入也很快被发现和制止。另一方面，要求加强工业盐流向监管制度，加大处罚力度。

关于对小工业盐流向的监管制度的调查结果尤其值得关注：43.67%的被调查者表示所在地区有相关制度，但执行力度不足；32.28%的被调查者表示所在地区尚未建立相关制度（见表4-12），对此我们将进行实地调查进行验证。

表4-12　关于所在地区对小工业盐流向监管制度的建立情况

选项	样本数	比例/%
尚未建立	51	32.28
有相关制度，但执行力度不足	69	43.67
有相关制度，并得到较好执行	23	14.56
已完善相关监管制度并强化了监管力度	15	9.49
合计	158	100

目前，江苏省已经发布《江苏省工业盐管理暂行办法》（苏盐〔2017〕28号），四川省已经发布《四川省工业盐运销管理暂行办法》（川经信轻纺〔2017〕22号），对工业盐的生产、运销做出了明确规定。相信其他省区市也将很快出台工业盐流向监管制度，为盐业改革之后的工业盐流向监管提供法律依据。

七、确保边远贫困地区碘盐供应的进展

（一）大多数边远贫困地区碘盐供应基本稳定

2010年，原卫生部调查数据显示，除西藏、青海、新疆3个省（区）达到基本消除碘缺乏病阶段目标外，全国28个省份均达到消除碘缺乏病目标。《方案》实施后，目前大多数省、自治区边远贫困地区碘盐供应基本稳定，但是前景不容乐观。调查显示，目前大多数边远贫困地区碘盐供应

基本得到保障，管辖区内碘缺乏病基本消除。根据问卷调查，84.17%的调查样本显示边远地区碘盐供应能得到保障，只有 8.23%的调查样本表示不能很好地确保边远地区碘盐的供应，这些地区包括湖南、陕西、甘肃、河南等省份（见表 4-13）。

表 4-13　关于确保边远地区碘盐供应的情况

选项	样本数	比例/%
可以确保供应	73	46.20
基本能供应	60	37.97
供应困难，不能确保供应	13	8.23
不清楚	12	7.59
合计	158	100.00

但是企业也表示，从长期发展的角度来看，边远贫困地区碘盐供应前景不容乐观。一旦盐业公司实现完全市场化运作，从成本和经营效益角度考虑，一些边远地区碘盐供应问题将日益突出，碘缺乏病发生率可能会出现反复。

（二）部分地区碘缺乏病防治形势面临考验

2017 年 5 月，课题组对中盐甘肃公司进行了实地调查，甘肃全省地方病“十二五”防治规划和评估结果显示，辖区内的临夏地区碘缺乏病防治形势面临极为严峻的考验。除临夏市、临夏县外，其余各县的碘缺乏病的防治工作严重滑坡，防治形势倒退到 2010 年前的状态，被国家卫生计划委员会确定为未实现消除碘缺乏病目标县。

八、确保合格碘盐覆盖率保持在 90%以上，提高孕妇、儿童和碘缺乏病地区群众的科学补碘意识的进展

各地出台的盐业体制改革实施方案，针对“确保合格碘盐覆盖率保持在 90%以上，提高孕妇、儿童和碘缺乏病地区群众的科学补碘意识”做了详细具体的规定。以重点调研地区北京、安徽、江苏、河南、内蒙古为例（见表 4-14），碘盐覆盖率近年保持在 98%~99%。

表 4-14 关于重点调研地区确保合格碘盐覆盖率和科学补碘的政策情况

省份	具体规定
北京	充分发挥食盐生产、批发企业的保障供应作用，有效拓宽碘盐供应渠道，确保北京市场合格碘盐覆盖率在90%以上，同时满足特定人群非碘盐消费需求
	通过密切监测居民碘营养状况，及时掌握碘缺乏病情况，加强科学补碘的健康教育，加强市场质量监管和无碘盐的调控工作，避免无碘盐无序进入市场，确保居民能够购买到合格碘盐产品，实现科学补碘的目标
安徽	省卫生计生委负责划定边远贫困碘缺乏地区，做好动态监控，适时调整帮扶地区范围，确保合格碘盐覆盖率达95%以上
	加大对食盐安全的宣传力度，普及食盐安全知识，提高全社会的食盐安全意识，引导消费者从正规渠道购买食盐。做好科学补碘宣传教育，提高孕妇、儿童和碘缺乏地区群众的科学补碘意识
江苏	充分发挥食盐生产、批发企业的保障供应作用，有效拓宽碘盐供应渠道，确保全省合格碘盐覆盖率在90%以上，同时满足特定人群非碘盐消费需求。省卫生计生委负责划定碘缺乏地区范围，修订完善食用盐碘含量标准，组织开展碘缺乏病监测，公布区域人群碘营养状况
	加强科学补碘宣传教育，提高孕妇、儿童和碘缺乏地区群众的科学补碘意识
河南	充分发挥食盐生产、批发企业的保障供应作用，有效拓宽碘盐供应渠道，同时满足特定人群的非碘盐消费需求，确保合格碘盐覆盖率和高碘地区未加碘盐覆盖率在90%以上。为防止碘挥发和食盐污染，居民和餐饮食用碘盐一律供应小包装食盐，禁止散装食盐上市销售。省卫生计生部门负责划定碘缺乏地区范围，做好动态监控工作，及时调整碘缺乏病边远贫困帮扶范围
	积极做好科学补碘宣传教育工作，完善发展改革、教育、卫生计生、盐业等部门与媒体宣传联动机制，提高孕妇、儿童和碘缺乏地区群众科学补碘意识
内蒙古	充分发挥食盐生产、批发企业的保障供应作用，有效拓宽碘盐供应渠道，确保合格碘盐覆盖率在90%以上，同时满足特定人群非碘盐消费需求。直接入口盐必须以小包装的形式上市，食品级工业盐只能用于食品加工行业，禁止在直接入口盐市场销售
	积极做好科学补碘宣传教育，提高孕妇、儿童和碘缺乏地区群众的科学补碘意识。自治区卫生计生委负责制定本区食盐加碘标准，组织开展碘缺乏病监测，公布区域人群碘营养状况；负责划定边远贫困碘缺乏地区，做好动态监控，适时调整帮扶地区范围。自治区经济和信息化委根据自治区卫生计生委划定的边远贫困碘缺乏地区及经济欠发达的边疆民族地区实际情况，组织开展合格碘盐配送工作

在对企业的问卷调研中，认为食盐加碘“很有必要，有效消除了碘缺乏病”的占51.27%；认为应该补碘，但“应该改良，因地制宜，差别化补碘”的占41.14%；只有极少数认为“补碘过度，引发了一系列不良影

响”占 1.27%，“应废除，由消费者自主选择是否补碘”占 6.33%（见表 4-15）。62.03%的被调查者认为企业所在地区合格碘盐覆盖率在 90%以上（见表 4-16）。

表 4-15　关于企业对食盐加碘必要性认识的情况

选项	样本数	比例/%
很有必要，有效消除了碘缺乏病	81	51.27
补碘过度，引发了一系列不良影响	2	1.27
应该改良，因地制宜，差别化补碘	65	41.14
应废除，由消费者自主选择是否补碘	10	6.33
合计	158	100.00

表 4-16　关于企业所在地区合格碘盐覆盖率的情况

选项	样本数	比例/%
60%以上	11	6.96
70%以上	7	4.43
80%以上	26	16.46
90%以上	98	62.03
不清楚	16	10.13
合计	158	100.00

九、设置更加严格科学的食盐生产批发企业资质准入条件的进展

《方案》允许外省省级食盐批发企业（包括取得批发许可证的定点生产企业）开展跨省经营，若干省级以下食盐批发企业可在本省范围内开展经营。从实际情况看，省内的跨区经营矛盾不大，主要发生在同属省级盐业公司之间，各县级公司基本上还是原地不动，很少去切邻县的“蛋糕”，即使有“越界”的行为，也容易协商解决。目前矛盾突出的是跨省经营，而这里的矛盾焦点是经营主体的批发企业资格问题。

（一）在过渡期内不准出现新的批发企业

按照工信厅联消费〔2016〕211 号《工业和信息化部办公厅国家发展改革委办公厅关于加强改革过渡期间食盐专营管理有关工作的通知》（以

下简称211号《通知》）的要求，2017年1月1日至2018年12月31日为改革的过渡期，在过渡期内，确保食盐定点生产企业和食盐批发企业数量只减不增。

食盐批发企业开展食盐跨区销售经营活动可以通过以下四种方式进行，即“三自建一合作”：一是通过自建物流系统或与第三方物流企业签订配送合同，委托其将食盐配送给到终端用户；二是通过自建分公司进行食盐销售业务；三是通过自建销售网点直接开展食盐销售业务；四是通过现有渠道开展食盐销售业务。前三种渠道主要是食盐生产经营企业自建或委托销售，一是成本较高，一些企业难以承受；二是难以操作，如在销地自建分公司销售食盐，很难取得食盐批发许可证，没有批发资格就不能批发食盐，建立分公司只能是零售，数量少，成本高。至于第四种渠道实际上又回到原来的“老路”上。

2017年4月7日，国家发展改革委办公厅、工业和信息化部办公厅发布了《关于进一步落实盐业体制改革有关工作的通知》（发改办经体604号）。该通知发布后，跨区经营情况有所改观，一些省级食盐批发企业跨区设置销售网点，但整体来看，各地对于“区外来客”均不同程度地采取了抵制态度。

（二）跨区经营者变相批发问题

规定不允许新增批发企业，就出现了变相批发的企业。这也是阻碍“跨区经营”的主要问题。根据211号《通知》的要求，食盐批发企业跨省销售时可以“三自建一合作”。但在实际运行中，个别食盐批发企业采取收取保证金卖断、签订虚假用工合同、签订虚假物流配送协议、建立虚假分支机构的形式等开展食盐批发业务等。这些做法违反了盐业体制改革的规定，有的也实属无奈。我们知道，食盐每年的消费量在1000万吨左右，目前有食盐定点生产企业（含多品种食盐定点生产企业）共计139家可以进入流通和销售领域，还有31个省（区、市）省级食盐批发企业，如果都通过自建销售渠道开展跨区域经营，与众多经营主体竞争，流通费用将难以负担。关于变相批发问题，主要是委托第三方物流企业配送还是

“卖断”。

一般来说，这是食盐批发企业在其他省份已经找好了买家，然后再委托第三方物流企业配送。如果事先找好了买家，确定好了数量和价格，事情就简单多了，食盐批发企业开好销售发票，连同货物一起委托物流企业配送给消费者，第三方物流企业只获取配送费用。但实际上，跨区经营特别是跨省销售食盐，买家难找，大多是上门推销，即所谓的铺货。费用最小的推销方式就是委托当地人员实施，第三方物流企业就是一个很好的选择，于是，第三方物流企业以保证金等形式，从外地批发企业处购买一定数量的食盐，然后再到零售网店铺货，第三方物流企业就变成了事实上的批发企业，这与《方案》中要求的“不再核准新增食盐批发企业”相悖。另外，《方案》规定“食盐批发企业应直接对食盐零售网点或终端用户开具增值税发票或符合规定的销售票据”，由于是第三方物流企业在推销，被铺货的企业有“代销”的性质，不能马上确定购买数量和价格，往往是销多少再结算多少，发票只能是一个月或几个月一结，不可能马上取得发票。在调研中外来批发企业经营者也反映说，本地盐业公司实际上“配盐送发票”也难以做到，但本地的不查，对外地就严格起来了，主要还是政企不分造成的。

（三）跨区经营企业劳动用工问题

跨区经营企业通过自建分公司或销售网点直接开展食盐销售业务。按要求自建的分公司或者自建的销售网点应依据《劳动合同法》等法律法规与招用的劳动者签订劳动合同，依法支付工资并缴纳社会保险费等。但实际上，如果要缴纳社会保险费等，就成了企业的正式合同工，连同工资等人力成本会陡然上升，而食盐销售需要的是点多面广，需要在各地分散销售，而且主要是当地人员临时性的工作或作为受雇人员的“第二职业”，劳动报酬主要看销售业绩，即销售提成。

如果一家生产或批发企业跨区销售时把本公司的人员带过去或为此与当地人员签订长期的劳动合同，是不现实的。这里可以按照《劳动合同法》中的“非全日制用工”规定执行。根据《非全日制用工意见》第

10~12条的规定，从事非全日制工作的劳动者应当参加基本养老保险，原则上参照个体工商户的参保办法执行；可以以个人身份参加基本医疗保险，并按照待遇水平与缴费水平相挂钩的原则，享受相应的基本医疗保险待遇；用人单位应当按照国家有关规定为建立劳动关系的非全日制劳动者缴纳工伤保险费。也就是说，对非全日制用工基本养老保险和医疗保险，用人单位无强制性缴纳义务，可以由劳动者个人缴纳，这也避免了多重劳动关系下社保缴纳的不确定性。

（四）食盐批发企业的选择范围

食盐属于食品中的一种调味品，与酱油、酱、食醋、味精等同归为一类。允许食盐生产企业进市场后，专营的主体已由原来的单一的食盐批发企业增加为具有批发资格的生产企业。允许跨区经营后，各区域食盐加碘的监管责任也随着政企分开将同其他食品类商品一样交由当地政府部门统一监管。在这种情况下，食盐“专产”同样能够保证食盐加碘目标的实现。

所谓食盐“专产”就是现有食盐定点生产在2018年1月1日开始按照新的规定申请许可证时，严格食盐生产准入标准，严格规范食盐生产企业资质，确定生产食盐的定点企业。各食盐生产企业严格按照各省（自治区、直辖市）盐碘浓度规定生产食盐，并建立起食盐电子追溯系统。在目前食盐产能过剩的情况下，食盐定点生产企业选择余地较大，不会形成生产上的垄断。实行“专产”后，定点生产企业可以直接上市场，也可以通过批发企业销售。这时的食盐批发企业可以扩大选择范围，除了原有的食盐批发企业外，只要是具备食品批发条件的企业均可以批发食盐，以畅通食盐销售渠道。

（五）目前可以直接利用各盐业公司的二级批发企业

国家发展改革委办公厅、工业和信息化部办公厅发布的《关于进一步落实盐业体制改革有关工作的通知》（发改办经体604号）规定“生产企业可以利用原渠道销售食盐”，但如何理解“原渠道”有分歧。

如原渠道就是食盐企业把食盐卖给省级盐业经销公司，经销公司再销售给二级批发商（在调研中发现，有一个省会所在市有 100 多家二级批发商，不属于各盐业经销系统）、超市、食品生产企业、机关学校等。但这里的二级批发企业是属于“原渠道”的一部分，本省及外省的食盐生产企业是否可以直接把食盐销售给二级批发企业（这些企业现在仍经营原来省级经销企业的食盐，批发且无批发许可证），仍存在异议。

有的盐业公司解释说“原渠道”必须“从头越”，即跨省经营者只能把盐卖给盐业经销企业，再由盐业企业卖给二级批发企业，不允许“中间插一杠子”。这种解释就出现了问题，如果原各食盐经销企业可以继续使用，其他企业（特别是跨省经营企业）也应该能够使用，就如同一条路，说允许使用这条路，就可以从头、从路中间都可以使用。

因此，这些正在使用的二级批发企业应该具备食盐经营的资质，可以优先考虑允许跨省经营者直接与这些二级批发企业进行食盐的购销交易活动。

十、对违法失信企业和个人实施联合惩戒和行业禁入的进展

随着盐业体制改革的不断推进，各地食盐市场经营主体增多，增加了食盐质量安全风险和监控难度。因此，各地非常重视对违法失信企业和个人实施联合惩戒和行业禁入，各地的盐业体制改革实施方案中也都对此做了详细具体的规定。

（一）以河北省为例

河北省提出全面加强对盐的生产、流通、使用的信用监督。要求各级盐业主管机构会同有关部门及行业协会，根据食盐产、销、用不同环节、不同对象，建立以信用记录、守法经营承诺、信用档案收集发布、守信联合激励和失信联合惩戒机制为主要内容的诚信体系。

对食盐生产企业、批发企业、零售网点、食品加工和餐饮用盐企业、工业盐和高含盐制品以及其他非食用盐产品生产经营企业，建立企业及其负责人和高管人员信用记录，纳入国家、省信用信息共享平台和国家企业信用信息公示系统（河北），实现信用信息的互联共享、依法公示。

对拟进入食盐生产、批发领域的社会资本要在准入前公示有关信息，

并每年定期公示所有企业及其负责人的有关信息。对有违法失信行为的企业和个人，有关部门要依法实施联合惩戒；对后果严重且影响食盐安全的，依法严肃查处，并实行“黑名单”管理，依法对其采取市场禁入等措施。各级盐业协会要发挥好协调沟通和行业自律的作用。

（二）以上海市为例

由上海市经济信息化委会同有关部门、行业协会按照《食盐定点生产企业和食盐批发企业信用管理办法》，建立全市食盐定点生产企业、食盐批发企业及其负责人和高管人员信用记录，并纳入国家统一的社会信用体系。

对拟进入食盐生产、批发领域的社会资本，在准入前公示有关信息，并每年定期公示所有企业及其负责人的有关信息。对有违法失信行为的企业和个人，有关部门加大监管力度，依法实施联合惩戒，对行为后果严重且影响食盐安全的，依法采取行业禁入和退出等措施。

通过政企联动、以企为主，加快推进全市食盐电子追溯体系，实现食盐来源可追溯、流向可查询、风险可防范、责任可追究。并建立上海市盐业协会，发挥协调沟通和行业自律的作用。

（三）对盐业企业的调研

对盐业企业的调研表明，对违法失信企业和个人实施联合惩戒和行业禁入还有待进一步加强，超过 52.53%的被调查者认为对于在盐业生产和流通市场违法失信的企业和个人“无法处理，只是批评教育”（见表 4-17）。

表 4-17　所在地区对在盐业生产和流通市场违法失信的企业和个人处理方式情况

选项	样本数	比例/%
实行罚款、没收处理	58	36.71
实行停业整顿	32	20.25
吊销营业执照，实行行业禁入	23	14.56
实施联合惩戒措施	49	31.01
无法处理，只是批评教育	83	52.53
其他惩戒措施	8	5.06
合计	158	100.00

十一、在紧急突发情况下确保食盐市场稳定的进展

盐业体制改革以确保食盐质量安全和供应安全为核心，在紧急突发情况下确保食盐市场稳定是其重要内容，各省在制定盐业体制改革实施方案时都高度重视，对其制定了详细具体的规定，举例如下（见表4-18）。

表4-18 相关省份在紧急突发情况下确保食盐市场稳定的相关政策情况

省份	具体规定
湖南	省经济和信息化委负责全省食盐供应紧急突发事件的协调处置工作，会同有关部门研究制定《湖南省食盐供应应急预案》并向省应急办备案。紧急突发情况下，由省经济和信息化委按照应急预案规定，采取投放政府储备、调运企业社会责任储备等方式，确保食盐市场稳定
吉林	省粮食局负责全省食盐供应应急突发事件的协调处置工作，制定全省食盐供应应急预案，并向省政府应急管理部门备案。紧急突发情况下，由省粮食局按照应急预案规定，有计划地采取投放政府储备、调运企业社会责任储备等方式，确保吉林省食盐市场稳定
贵州	省经济和信息化委会同有关部门研究制定《贵州省食盐供应应急预案》，并向省政府备案。紧急突发情况下，按照应急预案规定，采取投放政府储备、调运企业社会责任储备，依法采取价格干预或其他紧急措施等，确保食盐市场稳定
辽宁	各级盐业主管机构要加强食盐供应紧急突发事件处置协调能力和应急机制建设。地方政府已出台食盐供应应急预案的，要根据本方案对应急预案进行修订和完善；尚未出台食盐供应应急预案的，要尽快出台食盐供应应急预案。各食盐产销企业要制定本企业的食盐供应应急预案，建成一个自下而上的食盐应急保障制度体系，为全省食盐安全提供应急制度保障。紧急突发情况下，由各级盐业主管机构按照应急预案，采取投放政府储备、调运企业社会责任储备等方式，确保全省食盐市场稳定
山东	建立由政府储备和企业社会责任储备组成的全社会食盐储备体系，确保自然灾害和突发事件发生时食盐和原碘的安全供应。省经济和信息化委会同有关部门按国家要求提出食盐储备管理办法和应急预案
天津	将食盐社会责任储备纳入全市食盐应急储备体系。认真落实天津市生活必需品供给应急预案，一旦食盐价格波动触及应急预案启动标准，即按程序报请市人民政府批准后启动应急预案，采取投放政府储备、调运企业社会责任储备等方式，及时平抑食盐价格波动
西藏	自治区盐业主管部门负责全区食盐供应紧急突发事件的协调处置工作，会同有关部门研究制定食盐供应应急预案，并向自治区应急管理部门备案。紧急突发情况下，按照应急预案规定，采取投放政府储备、调运企业社会责任储备等方式，确保食盐市场稳定

十二、形成一批能够引领行业发展的具有核心竞争力的企业集团的进展

我国盐业总体上是供过于求，供给质量不高，效益低下，受到市场分割和产业链分割影响，处于小散乱多的状况。就食盐来说，我国总消费量在 900 万吨左右，但是现有的 99 家生产食盐定点企业年产能达到了 4800 万吨，是消费量的 5 倍多。还有各级批发企业 2000 余家，劳动生产力比较低，产能也相对过剩，技术创新不足，工艺装备落后，产品综合能耗高，结构调整的进展缓慢，在规模扩大的同时，也没有能够实现质量和效益同步提升。

对内部经营主体来讲，由于生产企业无法直接参与市场，导致创新积极性不高，产品同质化问题严重，开发创新潜力没有得到有效挖掘，市场需求得不到满足，因而有必要通过竞争来解决这些问题。但是，食盐市场是一个消费量很小且缺乏需求弹性的市场，不可能众多企业长久地聚集在这样一个小市场进行过度竞争。所以，形成一批能够引领行业发展的具有核心竞争力的企业集团不仅十分必要，也是未来的发展趋势。

对盐业企业的调研表明，盐业企业对形成一批能够引领行业发展的具有核心竞争力的企业集团的必要性和发展趋势认同度比较高。62. 66%的被调查者认为要“形成数家能够引领行业发展的盐业企业集团”，52. 53%的被调查者认为应“走向产销一体”，39. 87%的被调查者认为应“推进食盐生产企业重组整合，扩大企业规模”（见表 4-19）。

表 4-19　关于我国盐业体制改革的合理走向的企业认同情况

选项	样本数	比例/%
形成数家能够引领行业发展的盐业企业集团	99	62. 66
应走向产销一体	83	52. 53
应放开食盐生产和批发资质，实行自由准入	17	10. 76
应推进食盐生产企业重组整合，扩大企业规模	63	39. 87
生产和批发环节自由竞争基础上加强产品质量和流通秩序监管	65	41. 14
其他	11	6. 96

当前，一些盐业生产企业和盐业公司已经认识到改革的形势和趋势，对未来的发展也都做了相应的规划。例如，北京市提出在坚持批发专营制度的基础上，以现有食盐定点生产企业和食盐批发企业为基数，不再核准新增食盐批发企业，鼓励食盐批发企业与定点生产企业兼并重组，其他各类商品流通企业不得从事食盐批发。鼓励国有食盐批发企业在保持国有控股的基础上，通过投资入股、联合投资、企业重组等方式引入社会资本，开展战略合作和资源整合。

盐业体制改革也将加速盐企的兼并重组。2016 年 12 月，中盐北京公司、天津市长芦盐业总公司、河北省盐业专营集团公司共同组建中盐京津冀公司，成立后的中盐京津冀公司通过优化资产实现资源共享，使资产和劳动力均发挥最大效益，三地叠加提升抗风险能力，充分发挥北京的品牌推广优势、天津的研发与港口优势、河北的生产与物流优势。

第五章 《盐业体制改革方案》具体事项的实施评估结果（2017）

一、关于“剥离食盐批发企业承担的行政管理职能及移交相关部门”

此项工作实施状况，笔者给出的评估结果是“良好”。

各地出台了相应的措施，但具体实施还在落实过程中，已完成或基本完成所占比例较低，仅为7.6%。

二、关于“建设食盐电子追溯体系”

此项工作实施状况，笔者给出的评估结果是“中等”。

被调查企业中，已建立较为完善的追溯体系的占16.46%，初步建立追溯体系可追溯的占23.42%，准备建立食盐电子追溯体系的占28.48%。但是，没能力建立食盐电子追溯体系的占31.65%，需要有相应的措施帮助解决。

三、关于“建立政府食盐储备体系、企业责任储备制度和后续督促评估机制”

此项工作实施状况，笔者给出的评估结果是“良好”。

各地非常重视建立政府食盐储备体系、企业责任储备制度，工作落实也非常到位。但是，后续督促评估机制还有待加强。

四、关于“改革过渡期间财政补贴到位”

此项工作实施状况，笔者给出的评估结果是“较差”。

各地改革过渡期间财政补贴不是很满意，表示“补贴已到位，但数量太少”的占10.13%，表示“正在制定补贴方案”的占8.86%，表示“没有财政补贴”的占51.9%。

五、关于“鼓励盐业企业依托现有营销网络，开展综合性商品流通业务”

此项工作实施状况，笔者给出的评估结果是“良好”。

各地都希望借盐业改革推动盐业企业转型，推动盐业供给侧结构性改革。但是，如何发挥各自优势特色形成更有利于发展的业务模式还有待探索。调查中表示依托现有营销网络，开展综合性商品流通业务“困难重重”的占53.8%。

六、关于“建立更加严格的工业盐流向监管制度”

此项工作实施状况，笔者给出的评估结果是“良好”。

工业盐是冲击食盐市场的主要因素，也是食盐安全风险的主要来源。各地重视建立更加严格的工业盐流向监管制度。但是，未来潜在的风险可能在监管能力上。

七、关于“确保边远贫困地区碘盐供应”

此项工作实施状况，笔者给出的评估结果是“良好”。

确保边远贫困地区碘盐供应是企业社会责任的重要体现，各地非常重视，并且将其与扶贫脱困紧密结合。

八、关于“确保合格碘盐覆盖率保持在90%以上，提高孕妇、儿童和碘缺乏病地区群众的科学补碘意识”

此项工作实施状况，笔者对“确保合格碘盐覆盖率保持在90%以上”给出的评估结果是“良好”，对“提高孕妇、儿童和碘缺乏病地区群众的科学补碘意识”给出的评估结果是“较差”。

确保合格碘盐覆盖率保持在90%以上，问题不大，关注重点地区合格碘盐供给是主要措施。提高孕妇、儿童和碘缺乏病地区群众的科学补碘意识还有待加强，普及宣传力度不够。

九、关于“设置更加严格科学的食盐生产批发企业资质准入条件”

此项工作实施状况，笔者给出的评估结果是“中等”。

虽然明确了坚持批发专营制度，以现有食盐定点生产企业和食盐批发企业为基数，不再核准新增食盐批发企业，但在具体跨区经营时，操作混乱，标准不一。

十、关于“对违法失信企业和个人实施联合惩戒和行业禁入”

此项工作实施状况，笔者给出的评估结果是“中等”。

对违法失信企业和个人实施联合惩戒和行业禁入，认识上没有问题，相应的政策也比较明确。但是，由于信用体系建设滞后，带来执行上的困难。

十一、关于“在紧急突发情况下确保食盐市场稳定”

此项工作实施状况，笔者给出的评估结果是“良好”。

各地非常重视建立政府食盐储备体系、企业责任储备制度，应急预案的责任主体落实也非常到位。

十二、关于“形成一批能够引领行业发展的具有核心竞争力的企业集团”

此项工作实施状况，笔者给出的评估结果是“中等”。

无论是政府还是企业对此都有充分的认识，但是具体推进措施还有待进一步明确。

以上结果见表 5-1。

表 5-1 《方案》具体事项的实施评估结果

具体事项	评估结果	说明
剥离食盐批发企业承担的行政管理职能及移交相关部门	良好	各地出台了措施，具体实施还在落实中，已完成或基本完成所占比例较低
建设食盐电子追溯体系	中等	没能力建立食盐电子追溯体系的占 31.65%，需要有相应的措施帮助解决
建立政府食盐储备体系、企业责任储备制度和后续督促评估机制	良好	制度落实到位，但后续督促评估机制还有待加强
改革过渡期间财政补贴到位	较差	各地改革过渡期间财政补贴不是很满意
鼓励盐业企业依托现有营销网络，开展综合性商品流通业务	良好	如何发挥各自优势特色形成更有利于发展的业务模式还有待探索
建立更加严格的工业盐流向监管制度	良好	未来潜在的风险可能在监管能力上
确保边远贫困地区碘盐供应	良好	各地非常重视，并且将其与扶贫脱困紧密结合
确保合格碘盐覆盖率保持在 90%以上	良好	关注重点地区合格碘盐供给是主要措施。提高孕妇、儿童和碘缺乏病地区群众的科学补碘意识还有待加强，普及宣传力度不够
提高孕妇、儿童和碘缺乏病地区群众的科学补碘意识	较差	
设置更加严格科学的食盐生产批发企业资质准入条件	中等	在具体跨区经营时，操作混乱，标准不一
对违法失信企业和个人实施联合惩戒和行业禁入	中等	认识上没有问题，相应的政策也比较明确。但是，由于信用体系建设滞后，带来执行上的困难
在紧急突发情况下确保食盐市场稳定	良好	应急预案的责任主体落实非常到位
形成一批能够引领行业发展的具有核心竞争力的企业集团	中等	具体推进措施还有待进一步明确

第六章 关于《盐业体制改革方案》实施的具体建议

一、加快剥离食盐批发企业承担的行政管理职能，妥善移交相关部门，实现政企分开

政企分开是盐业批发企业独立运营的前提。无论是新增食盐批发企业还是原有的批发企业，都应该是一个纯粹的经济组织，而不是一个行政机构，更不能既当运动员，又当裁判员。因此，政企分开是食盐批发企业作为一个经济主体独立运营的前提。

从目前实际情况看，进入盐业体制改革过渡期后，监管形势更加严峻，各地涉盐违法案件明显增多。以山东省为例，山东省盐务局 2017 年 1 月全省共查处各类涉盐违法案件 1067 起，同比增长 29.6%。案件增多有市场竞争加剧的因素，也有对外地食盐进入本地市场设置利益壁垒的考量。因为盐业体制改革打破了当地盐业公司的垄断地位，而且多数地区盐业公司跟当地盐业局是一家，运营和执法二合一。有的省份对外地盐和本地盐的要求不同，出现双重标准，形成了歧视待遇。其中的主要的原因就是政企还未分开。

由于历史原因，我国多数省份为政企合一监管体制，即盐业公司和盐务管理局是“一个机构、两个牌子”。在盐业执法方面，按照 1990 年的《盐业管理条例》，盐业行政主管部门负责盐业执法工作，执法人员绝大多数是各级盐业公司职工。同时，食药监管部门、工商部门、质检部门、卫生部门及公安等部门也在各自的职责范围内，承担着盐业管理职能。2017 年 4 月 7 日下发的发改办经体〔2017〕604 号《国家发改委办公厅工业和信息化部办公厅关于进一步落实盐业体制改革有关工作的通知》要求加快

推进政企分开，完善食盐专业化监管体制，“省、市、县三级盐业主管机构或食盐质量安全管理与监管机构与盐业公司未分离的，2017 年年底前要实现政企（事企）分离”。实际上，随着盐业体制改革的不断深入，一些政企合一的盐业公司销量及价格等大幅下降，盐业行政执法人员的工资及办公经费已经出现了严重困难，这也会促使企业加快政企分开的步伐。

对编制调整、盐业执法经费（原来由盐业公司支付）来源、人员安置等问题应引起足够重视。建议：第一，由政府出面协调现有盐业公司和食品药品监管部门之间关于食盐监管职能的转移，尽快出台指导性政策和建议。第二，加强过渡期盐政管理工作，落实执法经费，将经费列入财政预算。第三，尽快建立和完善新的专业化盐业监管体制。加快对现有的盐政执法人员的安排和处置。人员处置方面可以按照“考调招录一批、离岗待退一批、培训转岗一批、协商解除合同一批”的方式，对现有执法人员进行分流安置。

二、加强宣传，政府主导，实施统一的技术支持推进食盐电子追溯体系建设

关于加强宣传。面向消费者的宣传目的重点可以设计为：提升全国食盐电子防伪追溯服务平台的影响力和点击率方面，努力使全国食盐电子防伪追溯服务平台成为食盐企业品牌宣传的最重要平台。面向企业宣传的重点可以设定为：帮助企业认识平台的功能和作用，更好地发挥平台信息交流和提升企业供应链管理下效率的作用。

由政府主导推进，以减轻企业负担，提高企业建设食盐电子追溯体系的积极性。可以考虑由政府拨付专项基金，进行相关项目的建设；也可以从税收的角度，给予建设企业相关的抵税或者减税优惠。

应实施统一的技术支持。建议由工信部和盐业协会牵头组建食盐电子追溯体系的技术支持小组。一方面帮助省级、自治区和直辖市层面的食盐电子追溯体系建设，并完成与全国食盐电子防伪追溯服务平台的对接工作；另一方面负责培训省级、自治区和直辖市层面的技术小组，帮助他们完成下一级单位食盐电子追溯体系的建设以及和上一级平台的对接工作。

三、确保食盐储备安全，强化后续督促评估机制

重视食盐储备工作，确保食盐储备安全，严格落实食盐储备数量，加强储备盐的日常管理工作，做好动态储备、及时轮换工作。

强化后续督促评估机制，重点对食盐储备会计账、统计账、食盐储备计划、库存落实、品质情况、仓房仓储、消防设施设备配置、储备盐质量档案、出入库手续及轮换等情况进行检查、指导、督促、评估，提升以评促建的效果，健全政府食盐储备体系、企业责任储备制度。

四、用好财政补贴，分流安置富余人员，推进改革措施落实

如何妥善安排好盐业公司富余人员是完善和改革食盐专营体制的一个难点，需要地方政府和盐业公司共同努力，多渠道、多手段进行分流和安置。其中，政府财政补贴是重要方式。

各盐业公司必须尽快规范劳动用工制度，对于历史遗留的身份差异问题应一次性了断。对于大多数盐业公司来说，可通过以下四个渠道安排员工：经遴选“人随事走”划转一部分，企业转型发展利用一部分，提前退休消化一部分，利用物业等资产供养一部分。

对于河南、山东等富余人员较多的省份，地方政府要因地制宜，出台专门的改革方案。例如，可以将过去上收的市县公司回归到市县，由省、市、县三级政府共同来分担富余人员的安置任务。要积极利用本轮深化国企改革高度重视解决历史遗留问题的契机，妥善解决好盐业公司离退休人员的社会化管理、富余人员分流等事宜。例如，2014 年四川省在 7 家省属企业推进三项制度改革中，以财政补贴的方式，共分流安置富余人员 4000 余人。

五、深化改革创新，助推盐业企业综合性商品流通业务发展

鼓励食盐批发企业依托现有营销网络，大力发展连锁经营、电子商务、物流配送等现代流通方式，开展综合性商品流通业务。从全国盐业发展的形势来看，未来盐业企业应深化改革、优化结构，多元布局、突出重

点，创新驱动、转型升级。从中长期发展来看，笔者建议盐业企业实施“三步走”发展战略：

第一步，稳基固本，塑造品牌。抓住《盐业体制改革方案》实施的契机，以普通食盐和多品种盐等产品结构优化为突破口，以在目标市场塑造品牌，形成影响力为重点，让市场了解接受更多品牌品种的食盐。

第二步，引入资本，多元经营。围绕盐业企业各自优势，盐行业独有的传统、历史、文化等，引入资本，加大开发健康盐、保健盐、护理盐、药用盐等品种，逐步切入健康行业、旅游业等其他行业，利用已有渠道充分拓展，多元经营。

第三步，资本运作，转型升级。在盐业与其他行业有机融合的基础上，通过资本市场进行资本运作，将企业迅速做大做强。

六、建立更加严格的工业盐从源头到使用终端的严密高效的全程追踪制度

监控工业盐的流向涉及多个环节，应建立工业盐从源头到使用终端的严密高效的全程追踪制度，密切关注运输环节工业盐产品去向，对生产、加工新品种食盐和非食用盐实行严格的备案管理，对企业经营其他用盐要实行严格的审批制度。

通过建立更加严格的工业盐从源头到使用终端的严密高效的全程追踪制度，对工业盐管理切实做到“来源可追溯、流向可查询、风险可防范、责任可追究”。

七、强化政府行为以确保边远贫困地区碘盐供应

将边远贫困地区的碘盐供应工作由企业行为转变为政府行为。国家相关统计数据显示，2014 年底中国贫困人口数量为 7000 万人，大多数分布在老、少、边、穷地区。按照每人每天 6~10 克盐的使用标准计算，每人每年的盐消费量不超过 4 千克，食盐的人均消费金额大约在 15 元。如果按照出厂价计算，这笔费用更低。

将边远贫困地区的碘盐供应工作由企业行为转变为政府行为，政府每

年在该部分的财政支出不到10亿元。在具体执行方面，可由卫计委、中国疾病预防控制中心和各地区食盐定点企业协同完成碘盐的发放工作。

八、加强宣传，消除消费者对加碘盐认识上的误区

当前，消费者对加碘盐认识上存在一定的误区，加强宣传是提高孕妇、儿童和碘缺乏病地区群众的科学补碘意识的重要举措。

调查显示：71.24%的被调查者认为食盐加碘是必要的。但是，目前包括边远贫困地区在内的大多数消费者对加碘盐存在认识上的误区：28.76%的被调查者认为中国人目前已经不需要吃碘盐了；33.48%的被调查者认为甲亢是因为碘盐食用过量导致的；更有高达60.52%的人认为碘盐与甲状腺疾病（甲状腺结节、甲状腺癌等）有直接关系；36.91%的被调查者认为吃海产品可以代替碘盐补碘。这些错误的认识，直接影响了碘缺乏病防治工作的开展，是导致碘缺乏病发生率反弹的重要原因。

九、解决《食盐专营办法》与《盐业体制改革方案》的冲突，明确食盐生产批发企业资质准入条件

有的食盐生产经营企业到他省自建分公司或销售网点，但同样受到当地盐业管理部门阻止，理由是不符合《食盐专营办法》的规定。

《食盐专营办法》第14条规定：“食盐零售单位和受委托代销食盐的个体工商户、代购代销店以及食品加工用盐的单位，应当从当地取得食盐批发许可证的企业购进食盐。”而外省的食盐生产企业没有“当地”的食盐批发许可证，不能在“当地”批发食盐，“当地”的食盐零售单位和受委托代销食盐的个体工商户、代购代销店以及食品加工用盐的单位也不能从外省的食盐生产企业购买食盐。

从目前情况看，《食盐专营办法》正在修改完善中，并没有废止。虽然国家发展改革委员会及工业和信息化部多次强调要“不折不扣落实《方案》部署的各项任务”，但有些省市的食盐主管部门仍然拿《食盐专营办法》说事，认为《食盐专营办法》是国务院在1996年5月27日发布的第197号令，是国家发展改革委员会及工业和信息化部所发文件的“上位

法”，在《食盐专营办法》没有废止的情况下，按照“上位法”进行市场监督有法可依。

因此，在《食盐专营办法》修改完善过程中，如何协调好它们之间的关系以及如何修改《食盐专营办法》是亟待解决的一个问题。

另外，笔者建议实行食盐产品的强制性市场准入制度。目前，食盐产品并没有实行市场准入（QS）标志制度，建议从以下5个方面完善食盐产品强制性市场准入制度：①在生产环节，实行以中国地理标志认证、ISO 9001：2008质量体系认证、HACCP体系认证为基础的强制性市场准入。②食盐定点生产企业对购进包装等材料进行抽检，并以符合QS要求为市场准入条件，在产品包装上附QS标志。同时，进一步提高《食盐定点生产企业质量管理技术规范》要求。③在销售、储存和流通环节，实行索证索票制度，检查QS标志。④食盐批发企业达到《食盐批发企业管理质量等级划分及技术要求》（GB/T 18770—2008）中规定的AAA级为强制性市场准入条件。⑤在零售环节，借鉴其他省市做法，实行食盐零售许可证制度。

十、加大对违法失信企业和个人实施联合惩戒和行业禁入

贯彻落实国务院《关于建立完善守信联合激励和失信联合惩戒制度，加快推进社会诚信建设的指导意见》，加大对违法失信企业和个人实施联合惩戒和行业禁入。

会同有关部门尽快出台《盐业安全生产经营诚信体系建设实施方案》，明确实施联合惩戒和行业禁入的对象、措施及实施方式，以适应推进盐业体制改革的需要。

十一、明确紧急突发情况下盐业公司确保食盐市场稳定的责任主体地位

盐产品的特殊性要求必须要提高突发事件处置能力，完善食盐供应应急预案，确保食盐市场稳定供应。因而，必须明确紧急突发情况下盐业公司确保食盐市场稳定的责任主体地位。

盐业公司要严密注视市场供应动态，发现危及食盐市场稳定供应的情况，要迅速启动应急预案，采取切实有效的应对措施，保证食盐市场的稳

定供应。要做好产区协调，保证足够储备，加强正面宣传，服从国家统一调配，做好应急准备。

十二、细化改革方案具体措施，预先防范可能出现的风险

《方案》实施后，放开所有盐产品价格，取消食盐准运证，允许现有食盐定点生产企业进入流通销售领域，食盐批发企业可开展跨区域经营。因此，在一定程度上食盐市场可能会出现波动，可能会出现潜在的风险。这些风险包括：当前的食盐生产经营主体不成熟，市场化改革面临生存之忧；合格碘盐供应存在担忧，碘盐普及率存在下降可能，劣质碘及工业碘可能乘虚而入，边远地区和农村地区的碘盐供应难以保障；食盐市场监管的难度加大，产业安全需引起重视；国家可能需要支付一定数额的改革成本。为此，亟待做好以下工作：

（1）尽快研究制定《盐业体制改革方案》实施细则，建立碘盐基本保障制度、食盐质量安全保障制度、食盐供应应急预案和食盐监管体制机制重构方案，确保改革稳妥推进。

（2）赋予中国盐业总公司和省级盐业公司稳定区域内基础碘盐和普通非碘盐市场基本供给量的职责，价格管理部门制定基础碘盐和普通非碘盐的指导价，防止激烈竞争造成的普通食盐数量和价格剧烈波动。将此作为政府储备品种和政府实行边远地区供应的基本产品。

（3）统筹兼顾、积极稳妥地推进政企分开，实现监管与经营的完全分离，做到人随职能走，事随职能走，监管成本随职能走。对于西藏、新疆等特殊地区，食盐的特殊性体现得更加明显，在这些区域保障碘盐供应和食盐安全比提升市场效率更为重要，建议仍然维持政企合一的方式。

（4）推进产销融合，引导组建大型产销一体化盐业企业，以有效解决产能过剩、产销分离和经营主体众多的问题。如果这三个问题得不到有效妥善解决，在食盐市场化过程中很可能会出现无序竞争，造成市场混乱和经营困难的局面。从美、日、欧等发达国家地区比较来看，食盐市场基本呈现寡头经营的局面，这种局面保障了食盐市场的有序发展和本国的食盐安全。

具体的建议是：

第一，出台《食盐企业准入标准》，并设定达标期限。经营规模作为准入标准的最重要指标，同时辅以生产加工能力和网络布局、技术装备水平、环境条件控制、质量安全保障、储备经营能力等指标。建议在经营规模上，要考虑销区市场和生产能力，如对销区市场超过 3 个省的，且食盐生产量超过一定规模的企业发放全国经营许可，进行全国经营。达不到此标准的可在原有区域经营，但有期限，如果期限内仍然达不到规模标准，则退出食盐经营领域。该门槛的设置，可推动现有经营主体（批发企业和生产企业）自发地加快联合重组，产业整合。

第二，出台《食盐企业兼并重组方案》。力争一定时间内在全国组建5~10家跨区域经营的食盐企业，前十家行业集中度达到80%。在有效调动企业积极性，尊重企业自主决策的基础上，发挥政府的引导和促进作用，营造有利于企业兼并重组的政策环境，鼓励企业通过无偿划转、出资入股、联合重组等方式实现产业联合。充分发挥行业大型骨干企业的引领带动作用，鼓励开展跨地区、跨所有制兼并重组，实施强强联合、兼并改造中小型企业。引导区域性盐业企业相互联合，以并购、相互持股、产业联盟等多种方式做优做强。支持企业通过兼并重组淘汰落后产能。企业关停或自愿退出食盐生产流通领域的，予以配套政策支持。

（5）培育成熟食盐市场经营主体，推行食盐封闭供应链管理。加快出台食盐行业结构调整的指导意见，着力破解食盐行业“低、小、散”难题，引导和鼓励省级食盐企业和盐业公司龙头企业的资产重组、整合、改制，支持优势企业对劣势企业的收购兼并，通过产业链的整合重组，优化食盐企业和盐业公司布局，提高产业集中度。为保证食盐供应安全和食盐质量安全，要在食盐行业推行封闭供应链管理，即对供应链成员企业实行严格的准入与退出制度，建立统一的操作规范和技术标准，建立产品可追溯系统，进行实时监控和动态跟踪。

（6）组建食盐事业中心。食盐事业中心由国家出资设立，接受盐业行政主管部门领导，可以依托行业内大型集团企业建设。食盐事业中心属于国家具有公益性质的事业单位，所需经费由国家以履行职能要求所需费用为基础全额拨款。食盐事业中心应承担以下主要职能：满足边远贫困地区合格碘盐需求；承担国家层面的食盐储备任务；负责紧急状态时食盐的供应；收集食盐生产、进口、流通相关信息；开展食盐生产、进口、流通相关调查研究；提供有助于提高食盐企业效率的指导和帮助；负责食盐质量的检测。

第七章 《盐业体制改革方案》主要内容的落实现状（2018）

按照《方案》要求，国家发展改革委、工业和信息化部要加强工作指导和统筹协调，并做好督促检查和效果评估，对改革中出现的新问题及时研究，提出解决办法，确保食盐安全和市场稳定，重大问题及时向国务院报告。2018 年，《方案》已经实施两年，对盐业体制改革进展通过跟踪调研进行总结研究，具有重要意义。

基于以上目的，课题组先后赴上海、江苏、安徽、河南、河北、四川、内蒙古、新疆等地进行调研，通过实地访谈、问卷调研和电话咨询，了解了各地政府管理部门、盐业公司、食盐定点生产企业和消费者的情况。调研表明，《方案》实施以来，各地相继出台了相应的实施方案，各项改革内容得到逐步落实。食盐市场总体表现平稳，没有出现大的波动。食盐产品品种增多，使消费者个性化和多样化需求得到满足。食盐生产企业有了市场竞争意识和品牌意识，盐业公司更加关注探索新的食盐产销方式，积极推进战略转型。

一、《盐业体制改革方案》“四改革”落实情况

（一）改革食盐生产批发区域限制

改革食盐生产批发区域限制是推进盐业管理综合改革，释放市场活力的重要内容和举措。目前，按照《方案》的要求，各省、直辖市实现了食盐生产批发区域限制改革，取消了食盐定点生产企业只能销售给指定批发企业和食盐批发企业只能在指定范围销售的规定，一些食盐定点生产企业

市场竞争活力得到激发。通过自主确定生产销售数量并建立销售渠道，以自有品牌开展跨区域经营，实现产销一体，或者委托有食盐批发资质的企业代理销售等方式进入流通和销售渠道，一些省级批发企业实现了跨省经营。

按照国家工业和信息化部、发展改革委规定，跨区经营食盐的批发企业必须到销售地省级盐业主管机构报备企业基本信息。2016 年以来，广东省盐务局严格落实跨区经营规定，为企业做好经营备案服务，鼓励企业使用广东省盐务局监管服务平台完成《食盐批发企业主要信息表》与附件报送、审核工作。截至 2017 年 11 月底，在广东省盐务局备案的外省食盐批发企业已有 121 家、食盐产品 1684 种。其中，通过监管平台的备案程序并向社会公告，可以进入广东省开展食盐经营的食盐批发企业有 120 家（省外企业 95 家、省内企业 25 家）、食盐产品 600 多种。①

目前，通过改革食盐生产批发区域限制，各省（自治区、直辖市）形成了食盐产品经营主体多元化局面（见表 7-1）。

表 7-1　改革食盐生产批发区域限制在部分省（自治区、直辖市）的市场表现

省份	食盐市场状况
福建	备案的盐业企业达 120 多家，实际已经进入开展销售的盐业企业有 30 余家，产品达 100 多种
浙江	备案的食盐定点生产企业 78 家，多品种盐生产企业 30 家，省级食盐批发企业 22 家
江苏	在江苏省开展跨区经营食盐批发的有 89 家企业，省外的盐业企业通过商超、农贸市场等渠道开展跨区销售食盐业务，食盐品种已达 100 多个，这些跨区的食盐其销量占江苏省食盐销售总量的 8.8%
上海	市场出现了久大、雪天、白象、熊猫、淮盐等 11 个外地品牌的食盐，外地食盐批发企业和定点生产企业在市内自建销售渠道，以自有产品开展跨区经营销售
河北	开展跨区经营注册登记的省内外食盐批发企业共 139 家，其中有 20 家已先后进入河北省市场开展经营活动
四川	到 2018 年底，受理并公示入川跨省经营企业信息 116 家，实际开展销售 19 家，本省食盐定点批发企业也相继出川开展跨省食盐经营业务

在《方案》推进过程中，食盐定点生产企业在巩固原有市场的同时，

① 盐业体制改革在广东落地一年食盐库存总量稳定［EB/OL］. https://baijiahao.baidu.com/s?id=1588715949607544024&wfr=spider&for=pc.

积极开拓新市场。如国家食盐定点生产企业江苏银宝盐业有限公司，是一家下辖灌东盐场、新滩盐场、射阳盐场、海精盐加工厂的国有独资企业，目前已在辽宁、吉林、上海、浙江、安徽、福建、江西、山东、河南、广东、广西、贵州、云南 13 个省（自治区、直辖市）开展食盐批发业务。内蒙古自治区锡林郭勒盟额吉淖尔盐场，是一家生产加碘精制盐、加碘粉精盐、加碘日晒盐、多品种营养盐等盐品种的国家食盐定点生产企业，目前已在黑龙江、吉林、辽宁、北京、天津、河北、上海、山东、河南、广东、浙江等 12 个省市建立了营销机构。

也有的盐业批发企业未开展跨区经营。如山西省盐业集团公司截至 2019 年 4 月尚未开展跨区批发经营业务，批发区域仍然局限于山西省境内。但在山西省境内，在全国可开展跨省经营的 170 家盐企中，126 家在山西省进行了信息告知，其中，目前共有来自北京、天津、上海、河北、山东、河南、安徽、江苏、湖北、湖南、广东、四川、重庆、云南、吉林、陕西 16 个省市的 30 家盐企进入山西省开展了实质运作。

（二）改革食盐政府定价机制

《方案》实施后，放开食盐出厂、批发和零售价格，由企业根据生产经营成本、食盐品质、市场供求状况等因素自主确定，如四川省发展和改革委于 2016 年 12 月 14 日转发国家发展改革委《关于放开食盐价格有关事项的通知》，从 2017 年 1 月 1 日开始，全面放开食盐出厂、批发和零售价格，由企业根据生产经营成本、食盐品质、市场供求状况等因素自主确定。以四川省自贡市盐业生产企业为例，2018 年小袋食盐最低价平均为 810 元/吨，2019 年 1—4 月则降为 788 元/吨。从全国的整体情况看，食盐批发价格明显下降，零售价格相对稳定，中高端食盐品种及供给增加，且价格稳中有升。

1. 食盐批发价格明显下降

福建省食盐批发价格大幅下降，批零差从原先的 16% 扩大至 30% 以上，主销的普通产品每吨降近千元；大包装食品加工用盐从原先的每吨 800 元左右降至每吨 500 元左右，基本处于保本经营状态。

甘肃省食盐批发价明显下降，小包装食盐市场批发价格基本在1500~2000元/吨，部分地区竞争主体以买赠方式降价至1200元/吨左右。

江苏省食品加工用盐批发价从改革前的每吨800元左右下降至每吨500元左右，基本处于略高于成本的微利经营状态；普通食盐产品批发价格下降幅度为30%~50%。

2. 普通食盐零售价格稳中有降

上海市早在2015年1月就放开了食盐零售价格，《方案》实施以来，上海市食盐价格基本稳定可控，没有出现食盐价格波动引发消费者投诉的现象。目前，上海市场中商超渠道已有淮盐、益盐堂、白象、浙盐等外省市11个品牌72个品种进入，展开终端市场竞争。四川自贡精制碘盐1元/350g，云南白象牌加碘食盐最低零售价1元/500g。

福建省小包装食盐零售价格仍维持在2016年的水平，价格运行平稳。甘肃省食盐零售价格总体稳定，浙江省食盐零售价格与盐业体制改革前基本持平。

3. 中高端食盐价格稳中有升

《方案》实施后，各地中高端食盐品种及供给增加，价格稳中有升。如河南省郑州市大卫城拜特超市，莫顿加碘海盐16.80元/400g、莫顿加碘盐19.80元/737g、莫顿精制盐（未加碘）12.80元/400g、韩今每日海盐调味盐36.00元/220g；郑州市国基路社区生活超市，江苏大清淮盐4.50元/400g、茶卡低钠盐5.90元/320g、福建闽盐6.80元/350g；山西省太原市销售的淮盐（晶纯食盐）7.90元/350g。

（三）改革工业盐运销管理

工业盐的运销管理改革较早，如江苏省早在1995年就按照《关于改进工业盐供销和价格管理办法的通知》（计价格〔1995〕1872号）要求，取消了两碱工业盐准运制度，制定出台了改革工业盐运销管理、加强工业盐监管的相关政策。福建省的两碱工业盐也自1996年开始就实行用盐企业自主采购，不需通过盐业公司。浙江省在盐业体制改革前也已通过修改地方性法规的方式，取消了两碱工业用盐和其他用盐的经营、运输等各项审批和许可。

《方案》实施后，要求取消各地自行设立的两碱工业盐备案制和准运证制度，取消对小工业盐及盐产品进入市场的各类限制，放开小工业盐及盐产品市场和价格。按照《方案》要求，各省（自治区、直辖市）均建立了相应的管理制度措施，严防工业盐进入食盐市场。

2017 年 5 月，江苏省盐务管理局发布了《江苏省工业盐管理暂行办法》（苏盐〔2017〕28 号），要求各级盐业主管部门加强指导，督促检查工业盐生产企业建立、保存完整的生产和销售记录，对工业盐的生产、运销做了明确规定，对工业盐生产企业、经营企业及个人违反规定的行为制定了详细的处罚办法。江苏省内现有 18 家工业盐生产企业，目前均已要求建立、保存完整的生产和销售记录。如江苏省的江苏银宝盐业公司，通过建立、保存工业盐完整的生产销售记录，健全工业盐运输管理制度，严格按合同要求，确保将出厂工业盐运达用户，严防工业盐流入食盐市场。同时，通过不得中途倒换、转卖，销售散装工业盐的采取专车直达运输等措施，加强工业盐运输的途中管理。并且，要求所销售的工业用盐的包装，按照国家标准印制产品名称、规格、生产单位，并醒目标明禁止食用。2017—2018 年，江苏省盐业、公安、食药监等部门联合对工业盐进行检查，查处假冒食盐及用工业盐加工食品等涉盐刑事案件近 300 起，由于查处及时没有造成社会影响。

四川省从 2017 年 1 月起，全面取消两碱盐备案制和准运证制度，取消了对小工业盐及盐产品进入市场的限制。为规范工业盐生产、经营和使用管理，经济和信息化厅制定印发了《四川省工业盐运销管理暂行办法》（川经信轻纺〔2017〕22 号），下发《关于切实加强工业盐管理工作的通知》（川经信办轻纺〔2018〕7 号），督促各级经信部门全面摸清辖区内工业盐生产、销售、使用单位，建立完善监管措施，指导工业盐生产企业建立、保存完整的生产销售记录，严防工业盐流入食盐市场。目前，全省 19 家工业盐生产企业（含工业副产物氯化钠生产企业）已全部纳入监管体系。

总体上，《方案》实施后对两碱工业盐和小工业盐的运销管理更加严格规范（见表 7-2）。

表 7-2　《方案》实施后部分省（自治区、直辖市）的工业盐运销管理主要内容

省份	工业盐运销管理主要内容
福建	印发《关于加强福建省工业盐管理的实施意见》，把加强生产企业管理、销售企业管理、产品标识管理作为重点任务，要求各地加强工业盐的监督管理，严格防止工业盐流入食盐市场。采取定期或不定期的方式，检查工业盐生产企业和销售企业，抽查工业盐的生产、销售、库存情况，动态跟踪本地区工业盐市场销售
甘肃	印发《甘肃省工业盐管理办法（试行）》，取消省内两碱工业盐备案制和准运证制度，要求工业盐生产企业建立、保存完整的生产和销售记录，采取点对点销售，禁止进入食盐零售领域
浙江	没有工业盐生产企业，重点是做好对工业盐使用企业的监管，严防工业盐流入食盐市场
四川	印发《四川省工业盐运销管理暂行办法》，工业盐生产企业应建立、健全、保存工业盐用户资料及工业盐产出、储存、发运台账，动态反映本企业工业盐的产出实际情况；建立健全工业盐运输管理制度；用盐单位应当建立健全工业盐购买、使用及库存台账，加强工业盐管理，不得将工业盐流入食盐市场
湖南	印发《关于加强湖南省工业盐管理的通知》，规范工业盐生产管理，完善工业盐运销管理，加强工业盐使用管理，强化工业副产物盐产品管理，严格工业盐监督管理

（四）改革食盐储备体系

1. 食盐储备体系建设情况

《方案》实施前，各地基本建立了食盐储备制度。如上海市，根据上海市政府《关于建立市级重要商品储备制度意见的通知》（沪府〔1993〕99号）的文件精神，食盐被列入上海市重要商品储备物资。由中盐上海公司承担上海市重要商品食盐的储备职责，并签订了《市级重要商品储备协议书》，协议书中核定中盐上海公司代为保管储备加碘食盐1.3万吨。上海市政府安排财政预算对中盐上海公司保管储备盐所需支付的保管、保险、损耗和利息费用等进行支持。山西省也在1995年6月颁布的《山西省重要商品储备制度管理办法》（晋政发〔1995〕70号）中规定食盐为省级储备商品品种之一，食盐储备费用从“副食品风险基金”中解决。目前，山西省盐业集团公司承担了省级食盐储备任务，年储备量为2万吨，通过省政府银行贷款贴息的方式，每吨补助150元，定期轮换、专款专用、严把质量，兜底安全应急保障。福建省从2010年开始布局建立省级食盐储备，由省、地政府投入在全省建立4个省级食盐储备库，并制定了省级食盐储备管理制度，委托省盐业公司实施。

根据《方案》要求，要建立由政府储备和企业社会责任储备组成的全社会食盐储备体系，确保自然灾害和突发事件发生时食盐和原碘的安全供应。各省（自治区、直辖市）根据本地食盐供需情况建立政府食盐储备，储备量不得低于本省（自治区、直辖市）1 个月食盐消费量，可以依托现有食盐批发企业仓储能力，也可以选择具备条件的食盐生产企业实施动态储备，本级财政预算应安排资金对食盐储备给予贷款贴息、管理费支出等支持。按照《方案》要求，各省（自治区、直辖市）基本建立了由政府储备和企业社会责任储备组成的食盐储备体系。在《方案》推进实施过程中，各省（自治区、直辖市）都按照《方案》要求制定了相应的管理办法，建立了食盐储备体系（见表 7-3）。

表 7-3　《方案》实施后部分省（自治区、直辖市）的食盐储备体系建设情况

省份	政府储备	企业社会责任储备
甘肃	政府储备量 1.1 万吨，省级财政对食盐储备给予补助 150 万元，用于食盐储备企业贷款贴息、储备费用等	企业社会责任储备由中盐甘肃公司、甘肃武阳盐化公司和高台盐化公司承担储备任务，按月建档记录食盐储备情况，企业食盐最低库存不得低于本企业上一年度月均食盐销售量，共 9000 吨
江苏	建立 15 个食盐政府储备库，库容面积 4.5 万平方米，储备食盐 6 万吨。省财政按每年 3000 万元左右安排对食盐储备给予贷款贴息、管理费支出等支持	各市县（区）盐业公司同步储存 1 个月销售量的食盐
浙江	省级政府食盐储备规模为全省上一年度月均食盐消费量，其中小包装食盐数量不低于储备量的二分之一。省财政对承担省级政府食盐储备的单位给予储备利息、保管费用补贴	食盐定点生产企业和食盐批发企业建立成本自负的企业储备，最低库存不得低于本企业正常情况下一个月的平均销售量
新疆	政府食盐储备总量为 1 万吨符合国家食用盐标准要求的 500 克及 500 克以下小包装加碘精制食盐。自治区财政安排预算资金对自治区级食盐储备给予贷款贴息、管理费支持	企业社会责任储备总量 1 万吨。食盐定点生产企业和食盐定点批发企业应承担企业食盐储备责任，保持食盐合理库存。企业食盐储备应不低于本企业上一年度月平均销量或年度销售计划月平均。食盐储备实行动态储备，一年轮换一次

续表

省份	政府储备	企业社会责任储备
重庆	政府食盐储备量不得低于正常情况下全市上一年度月均消费量。政府食盐储备可以依托食盐批发企业仓储能力，也可以选择具备条件的食盐生产企业实施动态储备。政府食盐储备实行费用包干，所需经费由市财政负责	企业食盐储备量不得低于本企业正常情况下上一年度月均销售量。企业食盐储备由食盐定点生产企业、食盐批发企业在本市行政区域内依托自有仓储设施储备；实行“产销合一”的集团型盐业企业，其企业食盐储备责任由该企业自行承担。企业食盐储备所需费用由企业自行承担

2. 代表省份食盐储备体系建设情况

2016 年 11 月，江西省印发了《江西省食盐储备实施方案》（赣府厅字〔2016〕152 号），按照“企业承储、动态储备、费用包干、统一调度”的原则，采取“长期储备、定期轮换”的经营和管理模式，建立由政府、食盐定点生产企业、省盐业集团公司所属批发企业组成的江西省食盐储备体系。其中，政府食盐储备总量为 1. 25 万吨小包装食盐和 4000 吨大包装食盐，政府食盐储备依托部分省盐业集团公司所属市级批发企业和食盐定点生产企业现有仓储能力进行部署，实行企业承储、动态储备（见表7-4）。省财政厅设立政府食盐储备专项资金并列入年度预算，对政府食盐储备给予贷款贴息、管理费支出等支持。

表 7-4　江西省政府食盐储备计划分配

单位：吨

承储单位	储备计划		
	小包装食盐	大包装食盐	储备小计
省盐业公司南昌公司	2500	800	3300
省盐业公司吉安公司	1500	800	2300
省盐业公司赣州公司	2500	800	3300
省盐业公司鹰潭公司	2500	800	3300
江西富达盐化有限公司	3500	800	4300
合计	12500	4000	16500

江西省食盐定点生产企业、省盐业集团公司所属批发企业的企业社会责任储备总量均不得小于 1. 25 万吨小包装食盐和 4000 吨大包装食盐。企

业食盐储备由食盐定点生产企业和省盐业集团公司所属批发企业依托自有仓储建立企业社会责任食盐储备（见表7-5、表7-6），金融机构对食盐生产、批发企业食盐储备贷款给予支持。

表 7-5　江西省食盐定点生产企业食盐最低储备任务分配

单位：吨

储备单位	最低储备量		
	小包装食盐	大包装食盐	储备小计
江西晶昊盐化有限公司	3500	1000	4500
江西富达盐化有限公司	4000	1600	5600
中盐新干盐化有限公司	3000	800	3800
江西九二盐业有限责任公司	2000	600	2600
合计	12500	4000	16500

表 7-6　江西省盐业集团公司所属食盐批发企业食盐最低储备任务分配

单位：吨

储备单位	最低储备量		
	小包装食盐	大包装食盐	储备小计
赣州公司	2500	500	3000
吉安公司	1250	500	1750
宜春公司	900	400	1300
萍乡公司	500	100	600
新余公司	350	100	450
樟树公司	550	200	750
九江公司	1350	200	1550
南昌公司	1600	1350	1950
抚州公司	950	150	1100
景德镇公司	900	150	1050
上饶公司	1000	200	1200
鹰潭公司	650	150	800
合计	12500	4000	16500

福建省的食盐储备体系建设也具有一定的代表性。2018 年 4 月，福建省《省级政府食盐储备管理办法》（闽发改服务〔2018〕254 号）印发实施，规定省级政府食盐储备遵循“企业承储、银行贷款、定额补贴、自负

盈亏”的原则，由省发改委会同省经信委、财政厅、食药监局、轻纺（控股）公司和省盐业集团有限责任公司负责省级政府食盐储备的管理工作。省发改委负责牵头编制下达省级政府食盐储备计划，每年11月中旬，省盐业公司根据本年度全省食盐消费量预测，提出下一年度的省级政府食盐储备计划建议，经省轻纺（控股）公司审核后，省发改委与省经信委、省财政厅、省食药监局确定后下达年度省级政府食盐储备计划；省经信委负责监督省级政府储备库运管和储备盐应急动用；省财政厅负责省级政府储备费用核定、安排和资金使用监管；省食药监局负责省级政府食盐储备承储企业的食盐质量安全监督工作；省轻纺（控股）公司、省盐业公司负责省级政府食盐储备计划的具体组织实施和日常管理工作。福建省省级政府食盐储备规模为3.5万吨，具体储备数量、品种、结构及存储库点，由省发改委在年度食盐储备计划中予以明确，存储储备食盐所需资金由省盐业公司及其承储单位通过银行贷款解决，省级政府储备食盐费用补贴纳入省级财政预算解决。2018年9月，福建省的4个省级政府食盐储备库已全面建成。同时，福建省按照《方案》要求，食盐定点生产企业和批发企业根据国家标准制定合理的最低库存和最高库存，其中最低库存不得低于本企业正常情况下1个月的平均销售量。并且，福建省鼓励企业在供求关系稳定或产能大于需求时，在最低库存基础上建立成本自担的社会责任储备。

四川省于2017年1月18日印发了《四川省食盐储备管理办法》（川经信轻纺〔2017〕1号），建立由政府储备和企业社会责任储备组成的社会食盐储备体系，完成了政府食盐储备量7万吨、企业社会责任库存总量10.55万吨的任务。四川省经济和信息化厅配合财政厅制定了食盐政府储备贷款贴息、管理费支出等支持政策，确定省级财政补贴储备包干经费1460万元/年。各级经信部门密切监测食盐市场动态，定期对政府食盐储备情况进行抽查，确保政府食盐储备量随时达标。

二、《盐业体制改革方案》“四完善”落实情况

（一）完善食盐定点生产制度

我国食盐生产实行食盐定点生产制度，非食盐定点生产企业不得生产

食盐。各省（自治区、直辖市）按照《方案》要求不再核准新增食盐定点生产企业，确保企业数量只减不增。从总体情况看，各省（自治区、直辖市）对食盐定点生产企业设立控制较严，按只减不增的原则加以控制，管理制度不断完善。

以四川省为例，四川省在《四川省盐业体制改革实施方案》（川府发〔2016〕64 号）中明确规定，依照国家新制定的食盐定点生产企业规范条件，及时修订四川省食盐定点生产企业行政审批服务指南和运行流程。从 2018 年 1 月 1 日开始，四川省经济和信息化委对现有食盐定点生产企业依照新的规范条件重新审核并报工信部备案。

2018 年 5 月，四川省经济和信息化委召开《食盐定点生产企业和食盐定点批发企业规范条件》宣贯会，学习和讨论了工信部 2018 年 4 月 12 日颁布的《食盐定点生产企业和食盐定点批发企业规范条件》和《食盐定点生产企业和食盐定点批发企业规范条件管理办法》（工信部 2018 年第 19 号公告），要求认真按照规范条件自查自改，并就规范条件中一些不易掌握的问题进行了探讨和咨询。2018 年 9 月，四川省经信委召开了食盐定点生产企业证书和食盐定点批发企业证书换发启动工作会，对结合四川省实际制定的《重新核发食盐定点生产企业和食盐定点批发企业证书工作实施方案》进行了宣讲和讨论，并对核发换证的申请、审核、专家组组成、证件换发流程等要点做了全面详细的介绍。各企业表示将认真按照规范条件先行自查自改，按照规范条件要求和工作实施方案开展两证换发申请工作。

审核换证后全省共有食盐定点生产企业 9 家（见表 7-7），比换证前减少 1 家，减少了 10%。本次获得的食盐定点生产企业证书有效期为 5 年（2019 年 1 月 1 日至 2023 年 12 月 31 日），未取得新的食盐定点生产企业证书的企业不得生产食盐。

表 7-7 四川省食盐定点生产企业名单

序号	单位名称	证书编号
1	四川南充顺城盐化有限责任公司	SD-070
2	四川久大制盐有限责任公司	SD-071
3	四川乐山联峰盐化有限责任公司	SD-072
4	四川自贡驰宇盐品有限公司	SD-073
5	四川久大蓬莱盐化有限公司	SD-074
6	四川顺城盐品股份有限公司	SD-076
7	四川省天渠盐化有限公司	SD-077
8	宜宾丰源盐业有限公司	SD-079
9	四川久大品种盐有限责任公司	DZ-015

资料来源：关于公布食盐定点生产企业和食盐定点批发企业名单的公告［EB/OL］．［2019-01-08］．http：//www. luzhou. gov. cn/publicity_ dept2/subject01/subject13/156326.

（二）完善食盐批发环节专营制度

《方案》要求坚持批发专营制度，以现有食盐定点生产企业和食盐批发企业为基数，不再核准新增食盐批发企业，鼓励食盐批发企业与定点生产企业兼并重组，其他各类商品流通企业不得从事食盐批发。鼓励国有食盐批发企业在保持国有控股的基础上，通过投资入股、联合投资、企业重组等方式引入社会资本，开展战略合作和资源整合。目前，各省（自治区、直辖市）批发企业正按规范条件的要求进行筛选，已做好了换证准备工作。各省（自治区、直辖市）均要求除食盐定点生产企业、食盐批发企业外，其他各类企业不得在本地从事食盐生产和批发业务。

如福建省在《福建省盐业体制改革实施方案》（闽政〔2016〕67 号）中明确规定，现有食盐定点生产企业和食盐批发企业许可证不再重新核发，有效期延至 2018 年 12 月 31 日。从 2018 年 1 月 1 日开始，现有食盐定点生产企业和食盐批发企业可依照国家新的规定重新申请许可，由福建省经信委审核后报工信部备案，并在指定网站公示，接受社会监督。达不到新的规范标准且限期整改后仍然无法达标的企业，依法查处。工商部门按照国家要求不得新登记注册食盐定点生产和批发企业。鼓励食盐生产与批发企业产销一体。鼓励社会资本进入食盐生产领域，与现有定点生产企业进行合作。鼓励食盐批发企业与定点生产企业兼并重组。其他各类商品流通企业不得从事食盐批发。鼓励国有食盐批发企业在保持国有控股的基础上，通过投资入股、联合投资、企业重组等方式引入社会资本，开展战略合作和资源整合。

2018 年 5 月，国家工信部下发《食盐定点生产企业和食盐定点批发企业规范条件》和《食盐定点生产企业和食盐定点批发企业规范条件管理办法》后，福建省福州盐业有限责任公司组织认真学习了文件精神，严格按照《食盐批发企业管理质量等级划分技术要求》（GB/T 18770）对建筑设施环境、对外营业场所、仓储设施、商品保管、食盐库存配送、食盐质量保证等从硬件、软件进行认真自查、自改。2018 年 11 月 29 日，福州盐业有限责任公司迎来福建省食品药品认证审评中心 8 名专家，进行历时两天的食盐定点批发企业证书换证验收，验收专家小组严格按照评审中心的现场审核工作程序，召开首次会议、实施现场审核、汇总审核情况、形成审核专家组意见、召开末次会议，最后福建省福州盐业有限责任公司以 286 分的高分在全省首家通过了（AAA）级《食盐定点批发企业证书》规范条件的验收。

2018 年 12 月 11 日至 12 日，福建省食品药品认证评审中心专家组一行 3 人，对福建省南平盐业有限责任公司本部及建阳食盐配送中心进行食盐定点批发企业换证工作验收。验收专家小组严格按照《食盐批发企业管理质量等级划分技术要求》（GB/T 18770）对材料进行认真核实，对现场进行细致查验。经审核，福建省南平盐业有限责任公司以高分通过《食盐定点批发企业证书》规范条件的验收。总体上，福建省取得食盐批发证的企业共有 76 家，按规范条件的要求，经初步筛选，在这次申请换证过程中拟淘汰减少 32 家，保留 44 家。

再如四川省，四川省经济和信息化厅严格按照要求加强食盐生产、批发企业的资质管理，委托由盐业、食药等方面专家组成的审核专家组对全省盐企逐个进行审核，完成了 23 家批发企业的换证工作（见表 7-8），减少 162 家，减少 87.6%，确保了食盐定点企业数量“只减不增”的要求。本次获得的食盐定点批发企业证书有效期为 5 年（2019 年 1 月 1 日至 2023

年12月31日），未取得食盐定点批发企业证书的企业不得经营食盐批发业务。

表7-8 四川省食盐定点批发企业名单

序号	单位名称	证书编号	经营范围
1	四川省盐业总公司	食盐批字第220000号	全国
2	四川南充顺城盐化有限公司	食盐批字第221001号	全国
3	四川顺城盐品股份有限公司	食盐批字第221002号	全国
4	四川久大制盐有限责任公司	食盐批字第221003号	全国
5	四川久大蓬莱盐化有限公司	食盐批字第221004号	全国
6	四川久大品种盐有限责任公司	食盐批字第221005号	全国
7	四川自贡驰宇盐品有限公司	食盐批字第221006号	全国
8	四川乐山联峰盐化有限责任公司	食盐批字第221007号	全国
9	宜宾丰源盐业有限公司	食盐批字第221008号	全国
10	四川省天渠盐化有限公司	食盐批字第221009号	全国
11	四川省盐业总公司成都分公司	食盐批字第220001号	四川省
12	四川省盐业总公司乐山分公司	食盐批字第220025号	四川省
13	四川省盐业总公司自贡分公司	食盐批字第220044号	四川省
14	四川省盐业总公司广元分公司	食盐批字第220042号	四川省
15	四川省盐业总公司绵阳分公司	食盐批字第220062号	四川省
16	四川省盐业总公司宜宾分公司	食盐批字第220085号	四川省
17	四川省盐业总公司达州分公司	食盐批字第220095号	四川省
18	四川省盐业总公司攀枝花分公司	食盐批字第220112号	四川省
19	四川省盐业总公司广安分公司	食盐批字第220130号	四川省
20	四川省盐业总公司南充分公司	食盐批字第220142号	四川省
21	四川省盐业总公司凉山分公司	食盐批字第220153号	四川省
22	甘孜州盐业有限责任公司	食盐批字第220999号	四川省
23	阿坝州盐业公司	食盐批字第220998号	四川省

资料来源：关于公布食盐定点生产企业和食盐定点批发企业名单的公告［EB/OL］.［2019-01-08］. http：//www. luzhou. gov. cn/publicity_ dept2/subject01/subject13/156326.

（三）完善食盐专业化监管体制

《方案》要求保持现有专业化食盐监管体制不变，由盐业主管机构依法负责食盐管理与监督。各级盐业主管机构与公安、司法、卫生计生、工商、质检、食品药品监管等部门各司其职、密切协作，依法加强食盐安全监管。结合行政执法体制改革，探索推进食盐安全监管体制改革，研究剥离食盐批发企业承担的行政管理职能，创造条件将食盐质量安全管理与监督职能移交食品药品监管部门或市场监管部门负责。加快建设食盐电子追溯体系，实现食盐来源可追溯、流向可查询、风险可防范、责任可追究。从总体情况看，各省（区、市）一级食盐专业化监管体制基本建立，但各市县（区）一级由于政企分开的进展不同而参差不齐。

按照盐业体制改革方案要求，从 2018 年 1 月 1 日开始全面实行政企分开，将盐务局的市场监管职能全部划转至各地食药局、经济和信息化主管部门，或成立专门机构，即使在同一省份，市场监管职能承担的机构也不尽相同。

目前，福建省将监管职能划归了食药局，甘肃省于 2017 年 12 月批复成立省盐务管理局，浙江省、江苏省的经济和信息化主管部门为盐业主管部门，负责盐行业管理职能。上海市政府办公厅于 2016 年底印发了《上海市盐业体制改革实施方案》（沪府办发〔2016〕62 号），明确了实施政企分开、剥离盐业公司承担的行政管理职能、创造条件将食盐监管执法职能移交食药监部门的要求。按照《上海市盐业体制改革实施方案》，市经信委牵头，市食药监局、市发改委、市盐务局等部门共同推进落实盐业体制改革工作。目前，市经信委已会同市食药监局等相关部门完成《上海市食盐监管体制调整工作方案》的制定，并已报市政府审批，2018 年底批准后立即进行职能移交。山东省根据《关于印发山东省盐业体制改革实施方案和山东省食盐监管体制改革方案的通知》（鲁政发〔2017〕35 号），盐业行业管理和食盐专营行政管理职能移交给省经信委。2019 年 1 月 10 日，山东省盐业体制改革领导小组办公室下发通知，针对近期山东多地接连发生原盐务局违规查扣外地食盐等问题，为防止此类违规问题再度发生，深入推进盐业体制改革工作落实，要求各市盐业体制改革推进工作领导小组办公室协调有关部门、单位，立即撤销 2018 年盐业体制改革以来各级印发的关于授权盐务局行政执法的相关文件，收回市、县（市、区）两级盐务局公章。

从各市县（区）情况看，目前，江苏省 13 个市及大部分县区的监管职能全部移交到位，全省盐业监管体制改革 2018 年底前全部完成。浙江省的11个市和89个县（市、区）已基本完成政企分开和职能交接工作，经信部门基本承担了盐业主管部门的行业管理和食盐专营监督执法职能。截至2018年9月底，甘肃省天水市完成政企分开和职能移交，武威、嘉峪关、甘南3个市州设立监管机构明确编制并将监管职能划转食品药品监管部门，正在组织人员招录。环县和秦州区2个县区完成政企分开和职能移交；有18个县区明确机构编制，正在组织人员招录工作；5个县区发文将监管职责划转至食品药品监管部门。

四川省对过去出台的与盐业体制改革精神相抵触的规范性文件进行了废止；暂停了与国务院盐业体制改革方案存在抵触的行政处罚4项、行政确认1项、其他权力2项，待相关法规修订完成后再行废止。四川省第十三届人大常委会立法规划已将《四川省盐业管理条例》纳入“第二类需要抓紧工作、条件成熟时提请审议的项目”，修订工作将结合新修订的国家盐业上位法及时完成。目前，根据《四川省行政权力指导清单（2018年本）》，四川省盐业行政权力事项包括行政许可2项、行政处罚5项、行政强制1项、行政检查1项、其他行政权力2项，按“放管服”“最多跑一次”“双随机一公开”等要求，规范行政执法，且全部纳入四川省网上行权平台。

（四）完善盐业法律法规体系

1. 修订《食盐专营办法》

2017年12月26日，国务院公布了修订后的《食盐专营办法》（以下简称《办法》）。此次国务院修订《食盐专营办法》是1996年《办法》颁布以来的第二次修订。第一次修订是2013年12月7日，国务院决定将食盐定点生产企业的审批机构由国务院盐业主管机构调整为省、自治区、直辖市人民政府盐业主管机构审批。本次修订主要是为贯彻落实《方案》中关于完善盐业法律法规体系的要求。修订后《办法》共7章36条，包括总则、食盐生产、食盐销售、食盐储备和应急管理、监督管理、法律责任、附则，突出体现六个方面特点。[①]

---

① 李全庆.《食盐专营办法》解读［EB/OL］.（2018-06-22）［2019-0105］. http：//www.scfda.gov.cn/CL2441/132640.html.

第一，立足我国食盐专营的国情，继续明确“国家对食盐实行专营管理”，不再核准新增食盐定点生产、定点批发企业。

第二，明确将食盐监管分为食盐专营监督管理和食盐质量安全监督管理两条线，即在坚持盐业主管部门实施食盐专营监督管理（保障食盐供应安全）的同时，增加了食盐质量安全监督管理部门负责食盐质量安全监督管理工作的规定，同时要求建立健全行政执法协作配合制度。

第三，明确食盐定点生产企业可以依法获得食盐定点批发企业证书，开展食盐批发业务，食盐定点批发企业在国家规定的范围内销售食盐；删去了原《办法》中关于食盐生产、批发、分配调拨、运输实行指令性计划管理和食盐准运证管理的相关规定及国家规定食盐价格的规定。

第四，规定盐业主管部门应当加强工业盐等非食用盐管理，防止非食用盐流入食盐市场。对危害食盐质量安全和群众身体健康的违法行为，加大了处罚力度，还增加了对食盐企业及其董事、监事、高级管理人员的信用管理，建立健全信用信息记录和公示制度的规定，对行业禁入明确规定。

第五，在保持价格稳定、保障供应、加强储备等方面，都做出了具体规定。

第六，在突出法律法规一致性方面，规定了上位法优先、特殊法优先、从重优先的原则。

2. 各地对现行盐业管理法规政策进行清理

《方案》要求各地抓紧对现行盐业管理法规政策进行清理，按程序提出立改废建议，推动健全法律法规体系，促进盐业健康发展。尤其是新修订《食盐专营办法》颁发后，各地积极修订本地的制度法规，并按新的《食盐专营办法》进行生产经营活动。

福建省在新修订《食盐专营办法》颁发后，省经信委已组织第三专业机构对《福建省盐业管理办法》进行全面修订，目前已将修订稿提交相关部门，拟作进一步的讨论和修订，并计划于2019年全面完成。江苏省也根据新修订《食盐专营办法》和废止《盐业管理条例》的要求，废止了《江苏省〈盐业管理条例〉实施办法》（省政府令第121号公布）。上海市政府也将根据新的《食盐专营办法》，对现行的《上海市盐业管理若干规定》进行修改完善。

由于新修订《食盐专营办法》的主要依据为国务院《盐业体制改革方案》，因此，在执行中还存在许多问题，这也是今后完善盐业法律法规体系需要着力解决的问题。存在问题主要有：一是打击无证生产、无证批发食盐也应当是完善食盐专营管理的题中之义，目前大量跨区经营企业以假物流、假配送之名鼓动各类无批发许可证的经营户批发食盐，严重破坏了专营秩序；二是食盐监管力量有待加强。目前盐业主管部门、市场监管部门承接原盐务局行业管理和监督执法职能，人员编制没有相应增加，按国家政企分开要求，2018 年 6 月 30 日后原盐务局系统不得再进行盐业监督执法，市场监管面临严峻挑战。

三、《盐业体制改革方案》“五配套”落实情况

（一）严格规范食盐生产批发企业资质

《方案》要求省级盐业主管机构依照新的规范条件对现有食盐生产、批发企业资质重新进行严格审核后报工业和信息化部备案，并在指定网站公示，接受社会监督。

2018 年底以来，全国各省（市、区）盐业主管部门根据《食盐专营办法》和《食盐定点生产企业和食盐定点批发企业规范条件》（工信部 2018 年第 19 号公告）等规定和要求，相继对本辖区内提出申请的食盐定点生产和定点批发企业进行书面和现场审核，并将审核通过名单予以公告。新证书有效期自 2019 年 1 月 1 日至 2023 年 12 月 31 日止。目前，浙江、山东、江西、四川、青海、广东、安徽、重庆、上海、贵州、新疆、云南、湖北、福建、天津、湖南、海南、云南、青海等省（市、区）陆续公布了通过审核换证名单。按照“只减不增”原则，部分省市食盐定点生产企业有所调整，盐业体制改革过渡期结束后，新通过换证审核的食盐定点生产企业总数有所减少。

福建省为做好换证工作，食药局专门制定了换证工作实施方案，并成

立由60余名相关专业人员组成的专家库，严格按工信部下发的规范条件要求对生产批发企业进行严格审查，以进一步规范食盐生产批发企业资质。

（二）加快信用体系建设

各地严格贯彻落实国家信用体系建设的有关要求，多数生产批发企业由指定的信用评估机构进行评级，企业通过国家企业信用信息公示系统公示企业法人信息和经营情况，投入资金建设了食盐电子防伪追溯系统。

1. 信用等级评价工作

为落实加强盐业信用体系建设精神，2017 年 12 月 20 日，中国盐业协会在北京召开第七届四次理事会扩大会议暨盐行业信用体系建设推进会，与会各盐业企业签订了《信用盐业自律公约》，并印发了中盐协《推进盐业信用体系建设行动方案（2017—2018）》。截至 2018 年 11 月底，共签约 357 家单位，其中盐业企业 307 家、包装企业 33 家、碘盐标志生产企业 17 家。

2017 年，由第三方专业评价机构北京国富泰公司联合中国盐业协会完成了盐行业信用管理与公共服务平台建设工作。2017 年 8 月，中国盐业协会发布了《关于开展食盐批发企业信用等级评价工作的通知》，帮助盐业企业建立信用档案，实现食盐行业企业信用信息基本覆盖。此次食盐批发企业信用等级评价工作共收录盐业企业 2698 家，其中食盐定点生产企业 139 家、食盐批发企业 2559 家，已收录备案企业 2495 家。今后可通过盐行业信用管理与公共服务平台利用企业信用档案查询企业信用信息。

2018 年，中国盐业协会继续和第三方专业评价机构北京国富泰信用管理有限公司依据评定标准共同推进信用等级评价工作，从基础素质、财务能力、竞争力状况、履约状况、守法守规及履行社会责任情况六个方面对盐业企业信用状况做出全面评价，共评价 908 家企业。从企业分布角度看，其中食盐定点生产企业 121 家、省级食盐批发企业 29 家、市级食盐批发企业 189 家、县级食盐批发企业 569 家；从信用等级评价结果看，AAA 级企业 484 家、AA 级企业 223 家、A 级企业 201 家。该机构接受邀请完成广东、湖北、江苏、吉林、辽宁、河南、河北等地累计 490 余人次的信用培训，为 992 家企业提供 2600 余次信用管理咨询。

截至2018年11月，已开展5轮食盐定点生产和食盐定点批发企业信用核查工作，在核查中发现25家企业被法院列入失信被执行人名单和被工商部门列入企业经营异常名单，其中食盐定点生产企业10家、省级批发企业2家、市级批发企业6家、县级批发企业7家。课题组及时通知并指导企业完成信用修复，有关部门撤销了名单。

2. 食盐电子防伪追溯系统建设

建立食盐电子防伪追溯系统是保障食盐质量安全、构建盐行业信用体系的重要内容。为此，中国盐业协会按照《方案》、工信部《关于开展食盐安全信息追溯体系建设试点工作的通知》，以及发改委、工信部《关于进一步落实盐业体制改革有关工作通知》等文件要求，建立了全国食盐电子防伪追溯服务平台，确保盐业体制改革后食盐市场安全，维护食盐定点生产企业利益和品牌。截至2018年11月底，全国共有122家食盐定点生产企业、770家食盐定点批发企业在平台注册；平台累计接受追溯信息49亿条，累计生成追溯码29亿枚。

为规范企业食盐追溯系统建设，由中国轻工业联合会信息中心组织起草，中国盐业协会参与编写的《食盐安全信息追溯体系规范》于2018年5月8日正式发布，提出各追溯节点应按需做好追溯信息共享并及时上传全国食盐电子防伪追溯服务平台的要求。为了加快推进食盐生产企业追溯体系建设，中国盐业协会编写了《全国食盐电子防伪追溯服务平台食盐定点生产企业追溯情况报告》《全国食盐电子防伪追溯服务平台食盐定点批发企业追溯情况报告》及入网流程和操作说明，并通过会议、网站、宣传册、公众号等向企业进行宣传；编写《食盐电子防伪追溯标码使用方法和注意事项》，分别对碘盐标志生产企业和包装企业进行培训，邀请相关专家现场讲解；开通客服热线电话，24小时接待来电咨询，帮助企业解决入网、标码申请、报告生成过程中的技术问题。同时，中国盐业协会与追溯建设服务商、盐业企业建立密切联系，多次召开会议，解读追溯规范、商量建设方案、协调解决问题，并走访了北京、天津、上海、湖南、湖北、广西、福建、山东等省市，了解企业追溯建设情况，现场解决实际问题。

截至 2018 年 11 月底，全国共有 84 家食盐生产企业追溯系统建设完成，已经全部生成追溯情况报告，26 家企业追溯系统正在建设。如中盐上海公司、浙江省宁波市盐业有限公司、内蒙古自治区额吉淖尔盐场等企业投入资金建设了食盐电子防伪追溯系统，实现了食盐产品来源可追溯、流向可查询、风险可防范、责任可追究。

（三）加强科学补碘工作

1. 碘盐与碘过量、碘缺乏

1979 年以前，我国大部分地区属于碘缺乏地区，生活在碘缺乏地区的人群患碘缺乏相关疾病概率高，其中甲状腺肿的患病率达 3%以上，严重地区甚至高于 10%。因此，从 1979 年开始，我国在碘缺乏地区开始食盐加碘。然而，1995 年全国尿碘浓度中位数（MUI）为 165ug/L，甲状腺肿的患病率为 20%，因此开始实行全民食盐加碘，实行食盐加碘政策期间经历了两次碘浓度下调。如今，食盐加碘已由“一刀切”调整为各省根据本省情况在规定标准范围适度浮动 30%。近年来，全民食盐加碘的政策不断被质疑，也有不少人认为正是食盐加碘增加了我国甲状腺疾病的患病率。

2018 年 8 月 23 日，在杭州举行的中华医学会第 17 次全国内分泌学学术会议上，来自中国医科大学内分泌研究所的滕卫平教授公布了“TIDE 研究”——中国居民碘营养和甲状腺疾病状况的相关结果，为全民食盐加碘与我国目前甲状腺疾病患病情况之间的关系给出了研究解释。TIDE 研究在全国 31 个省、市、自治区随机抽样 78470 例受试者进行甲状腺疾病与碘营养状况流行病学调查，因其研究的调查范围广、样本量大，研究结果应该具有一定的说服力。TIDE 研究公布的我国碘营养状况：学龄儿童 MUI199. 75ug/L，甲状腺肿患病率为 3. 5%；成人 MUI177. 89ug/L，甲状腺肿患病率为 1. 17%。目前我国碘充足省 16 个，碘超足省 11 个，碘过量省 4 个，没有碘缺乏省。碘过量的 4 个省为安徽、四川、江苏、青海，并非沿海地区。[①] TIDE 研究公布的碘与甲状腺疾病相关数据见表 7-9。

---

① 被冤枉的加碘盐——碘与甲状腺疾病流行病学调查结果启示［EB/OL］.［2018-08-24］. http：//news. medlive. cn/endocr/info-progress/show-148013_ 46. html.

表 7-9　TIDE 研究公布的碘与甲状腺疾病相关数据

研究结果	论证证据
甲状腺疾病患病率有升有降	与 1999 年相比，患病率随 MUI 显著增加的疾病只有亚临床甲亢及亚临床甲减。研究比较了不同年代甲状腺疾病患病率，发现临床甲亢、亚临床甲亢、临床甲减、甲状腺肿的患病率均降低；亚临床甲减、甲状腺结节患病率升高；甲状腺抗体阳性的患病率并没有显著变化
碘营养与临床甲亢患病率的“U形”曲线	大多数人曾认为碘过量是甲亢的病因，因此甲亢患者常常要限碘，但是 TIDE 研究结果显示，碘缺乏及碘过量时临床甲亢的患病率均高于碘充足或碘超足时（0.86 和 1.22vs0.56 和 0.69），因此碘营养状况与临床甲亢的患病率之间的关系呈“U 形”曲线。而碘缺乏时 Grave's 病的患病率增加。不同碘营养状态下亚临床甲亢的患病率没有显著变化
碘缺乏与甲减相关	在碘缺乏时临床甲减的患病率显著高于其他状态时，碘摄入量的增加并未影响临床甲减的患病率。而随着碘摄入量增加，亚临床甲减患病率逐渐增高。这与既往研究发现的碘摄入增加导致正常人群中 TSH 的中位数增加一致。进一步对甲状腺自身抗体分析发现，甲状腺自身抗体阳性，即自身免疫亚临床甲减与尿碘浓度（UIC）分层无关；而甲状腺自身抗体阴性，即非自身免疫亚临床甲减才与尿碘浓度（UIC）分层有关。高碘摄入导致 TSH 水平升高的机制可能与垂体 2 型脱碘酶活性被抑制有关，而与甲状腺自身免疫无关
碘缺乏与甲状腺抗体阳性相关	既往曾有学者认为碘超量会造成甲状腺自身免疫疾病增加，而在 TIDE 研究中并未看到这种现象。TIDE 研究显示无论是 TPOAb 还是 TGAb，在碘缺乏时患病率均高于其他 UIC 分层。而碘摄入量增加并未见到类似情况。无论男性还是女性都可以看到随着碘摄入量的增加，TPOAb 和 TGAb 的阳性率逐渐降低，由此得出碘缺乏才是增加甲状腺自身免疫疾病的危险因素
碘缺乏疾病——甲状腺肿患病率下降	一直以来甲状腺肿都被公认为是碘缺乏所导致的疾病，对比 1999 年的情况，到 2017 年，我国成人甲状腺肿的患病率已经从 5.02%下降到 1.17%
碘缺乏是甲状腺结节危险因素	我国甲状腺结节的患病率从 1999 年的 2.73%升高到 2017 年的 20.43%。另外一项 meta 分析纳入了 1985—2014 年中国大陆 14 个省进行的 52 项研究，数据得出全民食盐加碘前后甲状腺结节的患病率分别为 11%、24.4%，那么是因为居民碘营养状态的改善导致甲状腺结节患病率激增吗？TIDE 研究通过对 UIC 分层探讨了其与甲状腺结节患病率的关系，但未得到支持这一结论的数据。相反的是，当碘缺乏时甲状腺结节的患病率为 25.63%，而碘超足及碘过量时患病率分别为 18.41%和 16.21%。因此碘缺乏是甲状腺结节的危险因素，而碘超足和碘过量是甲状腺结节的保护因素

资料来源：被冤枉的加碘盐——碘与甲状腺疾病流行病学调查结果启示［EB/OL］.［2018-08-24］. http：//news. medlive. cn/endocr/info-progress/show-148013_ 46. html.

相比碘缺乏和碘过量对人体的危害，碘缺乏的危害更加严重。碘缺乏在人的不同生长发育阶段的表现形式不一。孕妇碘缺乏会阻碍胎儿的脑发育，严重者还会导致流产、胎儿畸形和死亡；胎儿碘缺乏会引发大脑发育不可逆的损害，最严重的后果就是新生儿会罹患克汀病，并伴随其终身；儿童和青春期碘缺乏会形成甲肿、智力和体格发育缺陷等障碍；成人碘缺乏会出现甲状腺功能减退，容易罹患与之相应的甲状腺疾病。[①] 因此，科学补碘仍然十分重要。在中国防治碘缺乏病的历史上，曾有过碘缺乏病严重流行的阶段。中国大部分地区外环境缺碘，若不坚持食盐加碘政策，碘缺乏病可能会卷土重来。所以，日常饮食中我们还是要坚持摄入碘盐。

2. 碘盐供给与碘盐管理

《方案》实施后，原有的食盐生产批发企业能够从生产源头控制无碘盐的生产数量，严格控制在总量的10%以内，同时能够要求实行定点投放，继续履行好社会职责。

2018 年，四川省经信系统食盐专营政策宣传共出动人员 6209 人次，出动车辆 1762 车次，发放宣传资料 179306 份，制作宣传展板 3348 块，现场接受咨询 46353 人次，网站及新媒体宣传 240734 次点击。

2019 年 2 月 21 日，海南省卫生健康委员会、发展和改革委员会、财政厅、市场监督管理局、扶贫工作办公室 5 部门联合印发《海南省碘缺乏病防治专项两年攻坚行动方案（2019—2020）》（琼卫疾控〔2019〕5 号）。根据该方案，海南省通过开展重点防控措施强化行动，继续在全省范围内落实食盐加碘策略，维持人群碘营养适宜水平；加强食盐定点生产企业的监管，督促生产企业提高食盐生产加工技术，保障合格碘盐市场供给，严格准入符合海南省盐碘标准的食盐进入海南省市场等；开展现症病人管理行动；开展监测评价全覆盖行动，包括实现监测全覆盖、开展消除评价等；开展防治能力提升行动和群众防病意识提高行动等。确保全省 21 个市县（区）100%达到消除碘缺乏病目标。

2019 年 2 月 1 日，陕西省榆林市榆阳区政府发文《关于印发榆阳区非农业人口碘盐配给补贴实施方案的通知》（榆区政办发〔2019〕3 号），开

① “盐”之有物少了 TA 生活没味道［EB/OL］.（2018-07-26）http：//www.sohu.com/a/243597032_ 100016120.

展“政府埋单，百姓吃盐”的惠民工程。此次发放碘盐由区盐业公司统一负责采购，并按非农业人口数量一次性调配至各街道办事处。先由街道办将碘盐配给到社区，再由各社区具体负责配给到户，真正做到不漏户、不漏人。所发碘盐按照国家核定每人每年 12 元的标准给予补贴。区盐务局指派专人负责各乡镇、街道办事处的碘盐配给工作。

尽管各地不断加大宣传和碘盐供应保障，但随着在同一地区竞争主体的增加，科学补碘工作的责任不像以前那样明确，出现问题也难以追究责任。一些边远地区碘盐管理由于原盐业公司经营效益下降而逐渐成为真空地带，加之市场监管部门的变化，科学补碘工作的主要责任转移到了行业管理部门和卫生部门，作为原来的盐业企业，主要做好自觉配合，做到合法合规即可，责任意识相比以前大为降低。也有一些地区出现了职能转换过程中的执法“时间差”，科学补碘工作所面临的困难越来越大。如近期国家部委组织食盐市场检查，卫健委也对碘缺乏病情况进行调查，发现非碘盐过量供应，不按规定使用碘标情况时有发生，在碘缺乏地区销售未加碘盐等。如 2019 年 1 月，山东、内蒙古、广东、贵州、四川、江苏扬州等多地市场监督管理（食品药品监督）部门相继曝光了一批食盐质量抽检不合格产品，造成抽检不合格的主要原因有氯化钠含量不合格、碘含量不合格、标签不合格等。

（四）加强应急机制建设

各省（区、市）各级政府和企业均建立了食盐应急预案（见表7-10），主要内容是应急组织体系及职责、预防与预警机制，应急响应和处置的分类及具体情形，应急处置信息的报送、应急保障措施和应急处置后期处理等。

如福建省各级政府和企业均建立了食盐应急预案，并且省级食盐储备库的设立及存储均按其覆盖半径的市场需求量作为科学的储量安排。河南省建立了食盐储备制度，确保食盐库存 2 个月保有量。江苏省制定出台了《江苏省食盐安全供应应急处置预案》（苏盐业体制改革办〔2017〕5 号），浙江省经信委牵头制定了《浙江省食盐供应应急预案》（浙经信盐务〔2017〕154 号）。中盐上海公司内部印发了《中盐上海市盐业公司维护稳定和突发事件应急预案》。

表 7-10 各地食盐供应应急预案的制定情况

省市县	时间、文号	名称
四川省	2017 年 1 月 18 日，川经信轻纺〔2017〕23 号	四川省食盐供应应急预案
四川省南充市	2018 年 10 月 15 日	南充市食盐供应应急预案
湖南省	2017 年 3 月 16 日，湘经信消费品〔2017〕164 号	湖南省食盐市场供应突发事件应急预案
浙江省	浙经信盐务〔2017〕154 号	浙江省食盐供应应急预案的通知
浙江省温州市	2018 年 4 月 11 日，温政办〔2018〕26 号	温州市食盐供应应急预案
河南省新野县	2017 年 6 月 15 日，新盐〔2017〕5 号	新野县食盐供应应急预案
贵州省遵义市	2018 年 1 月 29 日，遵市工业发〔2018〕7 号	遵义市食盐供应应急预案

四川省根据《四川省食盐供应应急预案》（川经信轻纺〔2017〕23 号），建立了省经济和信息化委员会、省发展改革委、公安厅、民政厅、财政厅、交通运输厅、省食品药品监管局、省工商局、成都铁路局等多部门横向联合执法的新监管机制，多次联合组织开展制贩假盐专项治理、食盐质量安全专项检查和食盐市场专项检查工作。在元旦、春节和食盐消费高峰期加强对各盐业企业、食品加工用盐企业、大型农贸市场、集体食堂、餐饮服务等重点生产和用盐单位的检查。2017 年应急处理“臭脚盐”事件，对全省盐业市场拉网式排查，依法封存、下架“臭脚盐”800 余吨；在食盐质量安全专项检查中，严格对食盐生产环节—批发环节—储存和运输环节全过程检查，委托国家轻工业井矿盐质量监督检测中心抽检 60 个批次，全部符合食品安全国家标准。2018 年全省食盐市场专项检查副食、批发市场、农贸市场共 2269 个，检查商超 6981 个，检查食品加工企业、场所 2060 个，检查集体食堂、餐饮企业 6962 家，检查共涉及食盐批发企业 594 家。共查处涉盐违法行为 51 起，下达整改通知书 329 件，查处非法渠道经营食盐 239. 66 吨，规范了食盐经营秩序，净化了食盐市场，确保了百姓舌尖上的安全。

（五）推动盐业企业做优做强

《方案》要求加快国有盐业企业公司制、股份制改革，建立规范的公司法人治理结构，积极发展混合所有制，转换经营机制，盘活企业资产，增强生机和活力。鼓励食盐生产、批发企业兼并重组，允许各类财务投资主体以多种形式参与，向优势企业增加资本投入，支持企业通过资本市场或公开上市等方式融资，形成一批具有核心竞争力的企业集团，引领行业发展。《方案》的实施激发了盐业企业的市场活力，促使企业转化经营机制，加快联合重组，优化现有产销渠道，积极开拓新渠道，通过加大改革力度，加快资源整合，推进产销一体化，积极构建适应市场要求的体制结构和机制模式。

1. 改革发展中的中国盐业集团有限公司

中国盐业集团有限公司是盐行业唯一的央企，具有行业领先的地位和号召力。随着盐业供给侧结构性改革不断深化，盐行业面临新一轮兼并重组，产业集中度逐步提高。2013 年，中盐集团启动规范董事会建设工作，成立了第一届董事会。同年 12 月，中盐集团联合 7 家行业公司成立了中国盐业股份有限公司。2017 年，中国盐业集团有限公司提出了“国家盐业公司+优秀化工企业”的发展目标，明确了“创新行业价值、服务民本民生、体现国家意志”的三大功能定位，积极推动和落实盐业改革各项任务。一方面积极配合国家有关部门推进盐业改革，做行业平稳改革的护航者；另一方面，按照“内整外和、统分结合、创造价值”的实施路径，大力实施食盐产销业务改革，做行业转型发展的探索者。在改革过程中，努力构建总部主导、统分结合、行为步调一致的集团化运营模式，通过推行统一营销战略与区域划分、统一品牌塑造与宣传、统一大客户开发与维护、统一研发安排与质量标准、统一业务流程与服务标准的“五统一”原则，实现整体合力和个体活力的有机结合。尤其是中国盐业集团有限公司加快推动区域整合和行业联合，率先响应国家京津冀协同发展战略，主导组建了盐行业历史上第一个跨区域产销结合的中盐京津冀公司，还先后与安徽、内蒙古、福建、重庆、西藏等省级盐业公司签订战略合作协议，在食盐产品、品牌、渠道、服务等方面开展全方位、多层次的实质性合作，探索新的食盐产销合作方式，共同维护当地食盐市场经营秩序（见表 7-11）。

2017 年，中盐股份公司纳入第二批国家混合所有制改革试点企业，此次混合所有制改革以中国盐业股份有限公司为平台，吸收中盐旗下制盐板块和食盐专营板块的优质资产和业务，推动盐业商业模式创新和变革，推动行业结构调整和联合，激发内部经营机制的活力和竞争力，从而更好地引领盐行业供给侧结构性改革，促进盐行业健康持续发展，保障国家食盐安全和盐业产业安全。① 2018 年，中国盐业总公司完成公司制改制，由全民所有制企业改制为国有独资公司，正式更名为中国盐业集团有限公司。目前，中国盐业集团有限公司已经由改革开放初期以行业管理为职能的行政性公司发展成为构建了现代企业制度，集盐资源勘探、工程设计、研发、生产、营销为一体并向下游盐化工延伸发展的全国性盐业公司，是世界第二大盐业企业，也是我国盐行业龙头企业、唯一中央企业和唯一全国性企业。

表 7-11　中国盐业集团有限公司推动区域整合和行业联合

时间	具体方案/协议	重要意义
2016 年 11 月 18 日	组建中盐中部盐业股份有限公司	落实盐业改革精神和国家中原经济区战略总体安排和部署，打造立足河南、辐射周边、具有核心竞争力的大型区域性龙头企业
2016 年 12 月 5 日	组建中盐南海盐业有限公司	整合资源、集中优势，打造绿色、健康的高端海盐产品和生活用盐系列产品，延伸盐及盐文化的产业链、价值链
2016 年 12 月 28 日	组建中盐京津冀盐业有限责任公司	实现京津冀盐业区域一体化，加快推进体制机制改革，集约整合国企要素资源，完善食盐安全保障体系
2017 年 2 月 16 日	中国盐业总公司与福建省盐业集团有限公司合作协议签订	坚持增进战略互信，携手共进，发挥各自资源优势，以全新的姿态应对行业竞争与经济转型新常态

① 准确把握功能定位促进盐业高质量发展［EB/OL］.（2018-06-05）http：//www.chinasalt.com.cn/xwzx/zyyw/ff80808163c9a1f30163cea58cc9004a.html.

续表

时间	具体方案/协议	重要意义
2017 年 3 月 8 日	中国盐业总公司与中国国新签署战略合作协议	在金融服务、企业保险、资产优化、结构调整、产业升级、行业整合等方面开展深度合作
2017 年 4 月 24 日	中盐总公司与中国邮政签署战略合作协议	在市场拓展、资本运作、金融等方面进行全方位合作，为建设负责任的国家盐业公司、承担边远贫困地区和特殊时期全国食盐供应兜底责任注入强大动力
2017 年 8 月 17 日	中国盐业总公司与中国煤炭地质总局签署战略合作协议	发挥各自优势，在地质勘探、科研技术、新能源、资本运作等领域开展深度合作。助力盐行业供给侧结构性改革
2018 年 9 月 7 日	中盐集团与西藏自治区人民政府签订央企助力西藏脱贫攻坚意向类项目协议	中盐品牌入驻西藏，为西藏盐业的发展和满足当地消费者多元化需求做出积极贡献
2018 年 11 月 9 日	中国盐业集团有限公司与广东省盐业集团有限公司签订广盐股份混合所有制改革框架协议	充分发挥资本的纽带作用，进一步推进资源整合，深化产销合作。形成资源互补和业务协同，实现“渠道共用、资源共享、市场共拓、发展共赢”
2018 年 12 月 26 日	中国盐业集团有限公司与内蒙古自治区盐业公司签订关于额吉淖尔盐场混合所有制改革框架协议	通过“资源整合”和“优势互补”，激发国有资本活力，推动企业高质量发展。央企与地方国企深度融合，深化产销合作，实现渠道共用、资源共享、市场共拓、发展共赢
2019 年 2 月 12 日	中盐辽宁盐业有限公司整合重组辽宁省盐业集团有限公司，整合重组工作完成	通过整合重组，中盐辽宁公司获取了辽宁省盐业集团有限公司全部优质资产及业务资源，立足辽宁、面向东北，力争打造成集盐产品生产、流通销售、仓储物流以及资产经营等业务为一体的多元化区域性盐企，为中盐集团构建立足辽宁的现代化营销体系奠定了基础
2019 年 5 月 17 日	中盐西南盐业有限公司成立	中盐集团通过增资扩股，控股重庆盐业集团 51%的股份，并改组为中盐西南盐业有限公司

2. 改革发展中的地方盐业企业

面对《方案》实施后的市场新环境，地方盐业企业在政策支持下，从市场拓展、资源整合、兼并重组等不同方式上寻求突破，以实现地方盐业企业做优做强。如福建省明确提出要以省盐业集团为主，做强做大福建盐行业，并给予相应的政策支持，继续实施盐田保护政策，并由省财政支付4亿元成立盐业发展专项基金，加快产销的整合，提升全省盐业的竞争力。江苏省政府支持省属企业以及其他重要投资主体向江苏盐业集团增资，解决盐业企业可持续健康发展、盐政管理人员分流安置、盐业富余职工生活保障等问题，确保国有资产保值增值。浙江省将省盐业集团推荐为国家第三批混合所有制改革试点单位，混改后省属国有持股比例下降为45%，拟引进战略25%，员工持股不高于30%。

湖南盐业以九二盐业扩产和重庆宜化收购为先导，通过向下游产业延伸，形成更加完善、完整、协同的产业链，实现了产品和市场的高渗透，为地方盐业企业做优做强提供了经验和模式借鉴。湖南盐业的战略目标是力争成为中国盐业改革的领跑者、整合者，需要有完整、强大的产业链支撑，通过并购重庆宜化登陆沪市主板，使公司行业地位、品牌影响力得到快速提升，资本市场成为公司战略推进的加速器。完整产业链的形成推进了湖南盐业以食盐为核心的研发力度和产品差异化进程，而且产品由过去单一品类的井矿盐，发展为覆盖井矿盐、海盐、湖盐全品类，品牌也由区域性品牌升级为全国性领导品牌。2018年12月25日，湖南盐业股份有限公司由其母公司湖南省轻工盐业集团有限责任公司出面收购重庆宜化成功，原盐产能由此增至630万吨，产能仅次于中盐集团，市场短距离半径覆盖福建、广东、广西、江西、湖北、贵州、四川、重庆和山西等10省市。

四川省人民政府办公厅于2017年2月27日印发《做强做大四川盐产业实施方案》（川办函〔2017〕43号），提出了做大做强四川盐业的总体要求和重点任务及保障措施，通过加快推动四川省盐业总公司改革改制，着力产业布局优化，打造自贡、乐山、南充、遂宁四大制盐基地；着力盐产业链供应链流程再造，实现产销融合；着力增品种、提品质、创品牌，推进绿色发展；鼓励企业以资产和品牌为纽带兼并重组，打造川盐龙头企业，提升竞争力，促进四川盐产业做强做大。该方案提出“以实施增品种、提品质、创品牌‘三品’战略为核心，深入挖掘川盐历史、文化内涵，全面提升盐产品研发设计水平、装备水平和企业精细化管理水平，完善盐产品标准和营销体系，积极拓展市场，主动适应经济发展新常态和大众消费新特点，更好满足消费升级需求，把四川建成国内最大的井矿盐产业基地、世界级盐文化旅游目的地”。

2018 年 11 月，山东盐业集团将其持有的山东东岳制盐有限公司等 10 家企业国有股权挂牌出售，除滨丰盐化公司由金盛海洋科技公司以 0.773 亿元的价格摘牌外，其余 9 家子公司（肥城精制盐厂 100%的股权、岱岳制盐公司 100%的股权、东岳盐业公司 100%的股权、东方海盐公司 100%的股权、山东寒亭第一盐场 100%的股权、山东鲁晶制盐公司 60%的股权、山东盐业集团电子商务有限公司 100%的股权、鲁盐经贸公司 100%的股权、鲁晶实业公司 60%股权）由上市公司鲁银投资以 13.32 亿元的价格摘牌，目前已全部完成股权交易和工商登记手续。

2018 年 9 月 18 日，广东省盐业集团与银河证券签署混合所有制改革战略合作协议。2018 年 11 月 9 日，中国盐业集团与广东省盐业集团签署关于广盐股份混合所有制改革框架协议，中盐将积极参与广盐混合所有制改革，成为广盐股份的重要股东。广东盐业力图通过混合所有制改革，在体制机制、产业协同、资源保障、干部队伍建设等方面取得企业改革的重大转变。广东盐业愿与银河证券携手同进，希望通过借助银河证券的专业力量和雄厚资源，实现建设成为全国一流盐业企业的目标。2019 年 6 月 20 日，广东省人民政府发文《广东省人民政府关于省盐业集团混合所有制改革总体方案的批复》（粤府函〔2019〕143 号），批复了广东省盐业集团混合所有制改革总体方案。

总之，《盐业体制改革方案》实施后，地方盐业企业在《方案》的指导下，加快了改革发展步伐（见表 7-12）。

表 7-12　地方盐业企业积极进行联合重组

时间	事项	主要内容
2017 年 2 月 28 日	云南盐业和云南邮政签署战略合作协议	云南盐业成为全国盐行业首对走进婚姻殿堂的“新人”，并由此引发了一股盐邮联姻的热潮
2019 年 1 月 18 日	福建省盐业集团有限责任公司与永辉富平云商供应链管理有限公司签订战略合作协议	永辉对福建盐业集团旗下“闽盐”产品进行定制化包装，通过永辉云商平台供应和销售，双方携手打造福建海盐高端品牌，将品质产品推向全国
2019 年 2 月 16 日	苏盐集团新零售商业国家级电子商务示范企业苏盐生活家“甄品派 · 全球购”首家苏果体验店（清凉门店）开业	“甄品派 · 全球购”是苏盐集团打造的全国首个专注于厨房、餐厅、浴室“两室一厅”生活品的新零售品牌，主营“严选母婴、天然美食、全球洗护、环球厨房、轻奢生活、甄品盐选”六大类全球知名生活品牌产品
2019 年 2 月 20 日	广西盐业集团有限公司子公司广西银鹏品种盐有限公司投资建设的广西钦州保税港益盐堂（广西）综合加工物流中心项目在钦州保税港区举行开工	2019 年 10 月建成投产后，将年产 10 万吨的高端海盐、食品加工盐生产加工中心，实现年营业收入 1 亿元，成为广西本土生产、研发高端海盐、食品加工盐的地方盐行业标志性项目
2019 年 2 月 28 日	云南邮政与云南盐业联合召开 2019 年盐邮合作高质量发展会议	2019 年 1 月起，云南邮政将全面接管云南省内 18 个区县食盐的仓储、配送、销售、管理和结算，意味着双方合作已从单一盐产品销售，向综合一体化服务方面不断延伸，从单一食盐需求客户，向多层次多需求大众不断拓展

第八章 《盐业体制改革方案》实施后的主要成效分析（2018）

一、盐业生产、批发企业基本情况

（一）企业情况

整体来看，被调研的生产批发企业在盐业体制改革后数量没有减少（河南有濒临破产的县市盐业公司），从业人员中销售人员增加，人员总量稳中有降，企业发展情况喜忧参半。福建省盐业集团公司是福建省唯一的食盐生产和批发企业，全省从业人员1197人，其中销售及管理人员约700人。锡林郭勒盟额吉淖尔盐场2015年有职工400人，2016年有职工387人，2017年有职工318人。

2017年江苏省有制盐企业18家，其中，食盐定点生产企业5家、多品种食盐定点生产企业1家、纯工业盐生产企业12家。2017年，全省制盐产能1485万吨（含液体盐），实际产盐1350万吨，其中食用盐172万吨、工业盐1178万吨。2017年，6家食盐定点生产企业食盐产能222.5万吨，实际生产食盐172万吨，销售食盐166万吨。其中，江苏盐业集团资产总额增长到150亿元，净资产增长到98亿元，资产负债率下降到46.13%，营业收入同比增长6%，利润总额同比增长35%，盐化产品产量630万吨。金桥制盐公司资产总额2.2亿元，营业收入1.17亿元，利润总额168万元，食盐产量18万吨。银宝盐业公司资产总额1.97亿元，资产负债率为74.11%，净资产5100万元，营业收入2.03亿元，利润总额1453万元，盐产品产量45万吨（含食盐18万吨）。

河南省共有国家食盐定点生产企业5家，即河南省卫群多品种盐有限公司、中盐河南盐业物流配送有限公司（参股）、中盐皓龙盐化有限公司、中盐舞阳盐化有限公司、平顶山神鹰盐厂。全省生产、销售食盐约 55 万吨，合格食盐市场覆盖率、合格食盐居民食用率均在 95%以上，盐产品合格率达 100%，优级品率达 90%以上。

个别省份对盐生产企业采取了保护政策。如福建省政府对盐场的食盐原料销售价格实行 2017—2019 年三年的政策保护，继续维持原有的销售价格，其经营效益主要受福建省盐业集团公司销量的影响。

云南盐业的母公司云南能投（上市公司）2017 年第一季度报显示：盐业体制改革之后，云南盐业积极开拓省外市场，深耕省内市场，一季度盐产品产销量同比大幅增长，增量创历史新高，省外销量大幅攀升。其中，向贵州盐业销售食盐产品共计 2.4 万吨，向广西盐业销售食盐产品共计 0.77 万吨。但是，市场竞争加剧，导致食盐产品综合价格下降，进而毛利额同比下降 17.4%。且运距较长的省外市场食盐、工业盐销量增加，导致运输费用增加 2381 万元。[①] 2019 年 2 月 28 日，云南能投（002053）发布了 2018 年业绩快报。2018 年公司实现营业收入 14.3 亿元，较上年降低 1.16%；实现营业利润 1.62 亿元，较上年降低 18.98%；实现利润总额 1.62 亿元，较上年降低 18.96%；实现归属于上市公司股东的净利润 1.16 亿元，较上年降低 28.51%。收入及利润下降的主要原因是：受盐业市场竞争激烈影响，公司食盐销量较上年同期下降 28.07%，工业盐销量较上年同期增长 15.62%，虽然工业盐量价齐升增加了公司业绩，但不足以弥补食盐销量下降带来的影响，导致盐业务板块收入及毛利额较上年同期下降。

对四川的调研表明，截至 2018 年底，四川省盐业生产企业共有从业人员 4211 人，批发企业（四川省盐业总公司）员工 1429 人；主要盐产品为井矿盐，2018 年产量 316 万吨，其中食盐 135 万吨，销售盐产品 323 万吨，其中食盐 140 万吨，主要销往四川地区，全国多个省份均有少量四川

① 黄超．食盐出滇入滇屡屡碰壁盐业体制改革道路坎坷［EB/OL］.（2017-05-17）［2019-01-06］. http：//www. sohu. com/a/141221444_ 740484.

盐产品销售。

（二）食盐供应的主要地区

食盐供应主要是本地区，食盐批发企业跨区经营的销量较小，难度较大，食盐生产企业供应范围有所扩大。例如，新疆天山湖盐借助盐业体制改革契机，走向全国市场。2018 年中盐新疆公司与 12 个省市签订了 12350 吨天山系列盐订货合同，天山系列盐得到北京、上海、广州等一线城市消费者的认可，被广东、上海用以替代进口盐。2018 年在新疆维吾尔自治区外销售 5900 吨，同比增长 17.2%，其中仅上海就卖出 3000 吨。2019 年，天山湖盐首次纳入中盐集团公司全国销售战略，计划在全国范围内销售 2 万吨天山系列盐。再如，福建省食盐主要销售地也在省内，但目前已通过大型商超渠道及设立分公司的方式，进入北京、上海及河南等地市场开展跨省经营，然而由于受品牌、价格及当地监管的影响，工作开展极为困难，投入大，收益少，2018 年上半年在省外销售的小包装食盐仅为 1000 余吨。

调研的国家食盐定点生产企业江苏金桥制盐公司，其生产的食盐在省内市场占 10%～15%的份额，依托海盐主产区的资源优势，省外销售涵盖广东、上海、浙江、福建、山东、安徽等 17 个省市，部分产品远销日本及东南亚地区。具有湖盐优势的内蒙古额吉淖尔盐场，在盐业体制改革前生产的盐品主要销往内蒙古自治区各盟市、河北的张家口和东三省部分地区。2017 年国家盐业改革政策实施后，仅一年的时间，该盐场已在自治区外的黑龙江、吉林、辽宁、北京、天津、河北、上海、山东、河南、广东、浙江等 12 个省市建立了营销机构，并与北京盐业集团、中盐国本、中盐天津盐业公司、贵州盐业集团、广州盐业集团等国内多家大型食盐企业开展营销合作。

二、《盐业体制改革方案》实施前后生产批发企业基本情况比较

（一）人员增减情况

《方案》实施后，多数省份盐业从业人员变化不大，个别省份还有所

增加。也有一些食盐经营亏损严重的省份，人员数量在减少，有的生产企业人员数量也有所下降。

1. 盐业公司情况

江苏省盐业企业转型，短期内成效尚不明显，盐业企业从业人员保持相对稳定，除自然减员外，职工总数基本没有变化。浙江省盐业集团公司内人员无分流，依旧留在集团内，即便要求政企分开，政府未因职能的移交而接收盐政人员，全省 560 多名盐政人员也仍留在集团公司。福建省 2017 年全省从业人员没有变化，2018 年因销售工作又招录了一批销售人员，总人数比上年增加了近 50 人，现全省总计从业人员达 1200 余人。甘肃省盐业公司亏损较严重，人员较 2016 年底减少了 144 人。河南省在《方案》实施后，由于“政企分开”的原因，原属于河南省盐业总公司的 60 多人变更隶属于新成立的河南省盐业执法监督局，现河南省盐业总公司仅有 3 名员工。而且，调研时《河南省级盐业系统政企分开方案》省政府尚未批复，河南省盐业总公司的经营处于停滞状态，加之市场盐产品价格下滑，导致销量下滑，企业近期未能盈利，处于亏损状态。

2. 食盐生产企业情况

从生产企业看，江苏金桥制盐公司 2017 年在岗职工 247 人，比盐业体制改革前减少了 16.2%，到 2018 年 10 月底公司在岗职工减少到 207 人；江苏省银宝盐业有限公司职工人数 2017 年 10 月底 900 人，到 2018 年 10 底减少到 801 人。四川省在《方案》实施后，生产企业增加从业人员 57 人，批发企业（四川省盐业总公司）减少人员 1095 人。山西省盐业集团公司截至目前（2019 年 4 月），共有人员 1471 人，相比改革前，公司离职人数约 120 人。

（二）产销量变化情况

2017 年，中国原盐消费量 10021 万吨，同比增加 4.1%，其中两碱工业盐消费量 8565 万吨，同比增加 3.8%；食用盐和小工业盐消费 1322 万吨，同比增加 3.8%。由于食盐的消费量基本稳定，食盐的产销量出现了生产企业和批发企业此消彼长的情况。但整体来说，生产企业产销量增长较多，批发企业销售量下降较多，但也有个别批发企业出现增长的情况。原因是一些生产企业直接销售给消费者，也有个别市县盐业批发企业绕过省级盐业公司直接从生产企业购盐。

1. 食盐生产企业情况

从生产企业看，如青海盐业大力拓展省外市场，2017 年 1 月 1 日至 2 月 15 日，共向省外发运多品盐 3572 吨，与 2016 年省外销售多品盐 782 吨的规模相比，增加了 4 倍之多；① 福建省 2018 年上半年全省盐场产盐 13.07 万吨，盐业集团公司销售各类盐 20.69 万吨，总计比 2017 年同期增加 1.7 万吨。江苏银宝盐业有限公司 2017 年度销售食用盐及小额工业盐 21.98 万吨，2018 年 10 月底销售食用盐及小额工业盐 20.44 万吨，为 2017 年同期销量 19.27 万吨的 106.07%，即增加 1.17 万吨。而内蒙古自治区锡林郭勒盟额吉淖尔盐场 2015 年生产成品盐 15.17 万吨，销售 13.54 万吨；2016 年生产成品盐 13.35 万吨，销售 12.47 万吨；2017 年生产成品盐 9.46 万吨，销售 9.25 万吨，产销量有所下降。

2. 盐业公司情况

从销售企业看，2017 年福建省盐业集团公司主要盐产品产量约 25 万吨、销量约 40 万吨，每年需从山东省、江西省等地调入大包装盐 15 万吨左右，2016—2017 年福建省大小包装盐产品销售情况见表 8-1、表 8-2。从表 8-1、表 8-2 可以看出，2017 年福建盐业公司食盐销售量均有所增加。中盐上海公司与 2016 年同期相比，截至 2018 年 11 月底，公司食盐销售增加 0.83 万吨，小包装食盐增加 1.60 万吨。但甘肃盐业公司在 2016 年销售小包装食盐 8.2 万吨，2017 年销售小包装食盐 6.4 万吨，2018 年上半年销售小包装食盐 2.5 万吨，下降幅度较大。

① 花木嵯．青海盐业：食盐销售量增长 4 倍［N］．青海日报，2017-02-25.

表 8-1　2016—2017 年福建省大包装盐产品销售情况

单位：吨

项目	泉州	福州	厦门	漳州	龙岩	南平	三明	宁德	莆田	全省小计
食用加工用盐	34583.49	33678.30	21429.20	30067.20	7443.70	8406.42	4193.25	31311.44	4284.15	175397.15
饲料添加剂	—	6040.36	2288.10	3495.18	1799.72	5970.71	329.00	313.10	814.19	21074.37
工业盐	3521.81	4344.00	2273.65	63.14	927.20	1235.75	1430.65	318.00	119.43	14233.63
2017 年销量累计	38105.30	44086.67	25990.95	33625.52	10170.62	15612.88	5920.90	31942.54	5217.77	210705.15
2016 年销量累计	48824.29	54555.05	23879.90	56752.49	13486.14	17935.56	8062.25	53801.63	7274.88	284572.18
2017 年销售计划	31000	51000	18500	53200	10000	11600	5200	52000	7500	240000
2017 年计划完成率	122.92%	86.44%	140.49%	63.21%	101.71%	134.59%	114.48%	61.43%	69.57%	87.79%

资料来源：根据调研取得。

表 8-2　2017 年福建省小包装食盐销售情况（开票）

单位：吨

项目	泉州	福州	厦门	漳州	龙岩	南平	三明	宁德	莆田	进出口	全省小计
多品种盐	426.82	691.30	923.60	90.68	255.69	43.93	67.30	198.50	77.46	—	2853.77
福建原盐	8755.79	8872.68	6565.17	2268.76	3771.50	726.54	1219.91	3433.01	2600.81	—	38069.55
精选自然盐	12370.07	5151.04	4466.89	6428.67	3539.50	2786.38	4620.51	2649.88	2798.87	—	45545.80
其他自然盐	3895.59	2475.13	1879.99	3566.70	1765.54	5502.85	1981.08	1416.75	1151.85	—	23985.42
2017 年销量累计	25448.28	17190.14	13835.65	12354.81	9332.23	9059.69	7888.81	7698.15	6628.99	1017.79	110454.54
2016 年销量累计	27220.21	18684.47	15315.34	13960.36	9993.95	9336.37	8708.49	8387.00	7132.91	—	118739.10
2017 年销售计划	24000	17250	13300	11750	8700	8450	7700	7700	6150	—	105000
2017 年计划完成率	106.03%	99.65%	104.03%	105.15%	107.27%	107.22%	102.45%	99.98%	107.79%	—	104.23%

注：凡是腌制盐产品均转为小包装销量，2017 年大型集团商超销量也全部分解划转至分公司，各单位省外销量正在统计当中。

资料来源：根据调研取得。

甘肃省盐业公司2016年销售小包装食盐8.2万吨，2017年销售小包装食盐6.4万吨，2018年上半年仅销售小包装食盐2.5万吨，下滑趋势明显。江苏省食盐批发企业盐产品销量下滑幅度达到两位数，但基础盐销量大幅增加。浙江省食盐销量呈现明显下滑趋势，2017年全省销售各类盐产品69.58万吨，同比下降10.29%；2018年上半年销售各类盐产品33.6万吨，同比下降18.76%。其中，宁波市盐业有限公司2017年食盐销量较2016年下降了20%左右，2018年上半年较2017年同期又有所下降。

四川省食盐产销量较改革前增长20%左右，约14万吨小袋食盐出川销售；四川省盐业总公司实现多种经营销售收入5.01亿元，经营规模大幅提升。山西省盐业集团公司在改革前，食用盐销量可达到15万吨，其中入口食盐12万吨，食品加工盐3万吨。2018年，食用盐销量降至10万吨，其中入口食盐8万吨，食品加工盐2万吨。

（三）多种经营开展情况

《方案》实施后，所调研企业中并未开展多种经营，有多种经营的企业也选择了退出，而把注意力投入盐业生产和销售中。如浙江省盐业集团公司未开展多种经营，定位于做成食用盐领域一流企业，专注做更好更优的盐产品。

在被调研企业中，中盐上海公司由于管理、技术、销售及多元化发展等因素，市场竞争优势进一步凸显。与2017年相比，公司利润同比下降速度在放缓，降幅收窄近15个百分点。江苏银宝盐业公司有一个编织袋生产基地，未涉及其他多种经营项目。福建省2016年及以前在全省各地开展了食用油、味精、大米等产品的销售经营，每年销售额达6000万元以上，2017年盐业体制改革开始后逐步退出多种经营，集中精力做好盐产品销售，没有再开展多种经营。

山西省盐业集团公司已在平遥建设运营了平遥中医药文化养生旅游一条街，在太原正在规划建设山西中药材电子交易中心产业园区，但尚处于起步阶段，未实现盈利。

（四）企业盈利变化情况

1. 食盐批发企业利润下滑甚至亏损

由于竞争加剧，市场销售量价齐跌、营销费用增加，传统食盐批发企业人员多、包袱重、体质机制不活，受到很大冲击，食盐销量和效益均出现大幅下滑。据不完全统计，2017 年食盐定点批发企业主营业务收入 177 亿元，较 2016 年同比减少 31.4%；利润总额 5 亿元，较 2016 年同比减少 80%，其中利润下降企业占 90%，亏损企业占 29%。2018 年食盐定点批发企业主营业务收入 170 亿元，较 2017 年同比减少 4%；利润总额 4.8 亿元，较 2017 年同比减少 4.1%。自 2017 年盐业体制改革后，亏损企业数量继续增加，占 32%。

福建省盐业集团 2017 年全年实现利润 6594.80 万元，比 2016 年减少 1825.23 万元，降幅达 18.01%；2018 年上半年实现利润 1665.74 万元，比 2017 年同期减少 4277.84 万元，降幅高达 71.97%。

甘肃省盐业公司 2016 年利润 1.16 亿元，2017 年利润 1056 万元，2018 年上半年亏损 2045 万元。江苏银宝盐业公司 2017 年利润 0.36 亿元，2018 年 10 月底亏损 0.15 亿元。

浙江省集团公司及所属企业 2017 年营业收入同比下降 25.24%，2018 年上半年营业收入同比下降 8.37%。从吨盐价格看，均价比盐业体制改革以前下降 1/3 以上，主业利润大幅下降，2018 年上半年开始出现亏损。

山东盐业集团于 2018 年实现营业总收入 16.25 亿元，与 2017 年相比下降了 10.22%，比 2016 年下降了 39.25%，下降了近四成。从营业总收入的具体构成来看，工业盐板块同比增长了 45.91%，毛利率同比增长 2.12 个百分点。这主要得益于旗下子公司岱岳制盐公司 120 万吨/年项目投产，造成产销量大幅增长。食盐板块营收同比下降 18.1%，毛利率同比下降 5.45 个百分点，但仍维持在 44.66%的较高水平；其他盐产品板块同比下降 16.6%，毛利率同比下降 13.56 个百分点。此外，其他业务板块下降了 51.73%，主要由于旗下子公司鲁晶实业大宗贸易业务减少所致。在工业盐营收大幅增长的情况下，山东盐业集团营业总收入同比仍下降了

10%，主要可能是由三方面原因造成：一是盐业体制改革方案实施后食盐批发价格大幅下降；二是市场份额减少，省内食盐市场被跨区域销售的盐企侵蚀；三是其他业务中大宗贸易减少。从盈利情况来看，2018 年山东盐业集团实现利润总额 1.30 亿元，同比下降了 12.16%，降幅高于营业总收入的降幅。利润总额较 2016 年下降了 50%。2018 年山东盐业集团销售利润率为 9.9%，接近于一般意义上认为的制造业 10%的较佳比例，但低于零售业 15%的比例。由此可见，受盐业体制改革新政影响，传统食盐批发企业的销售利润率已降至较低水平。

2015—2018 年，湖南盐业营业总收入分别为 22.59 亿元、21.76 亿元、22.03 亿元、23.03 亿元，复合增长率仅为 0.65%，营业收入增长速度缓慢；从企业盈利能力看，2015—2018 年，湖南盐业实现归属母公司净利润分别为 2.04 亿元、1.39 亿元、1.52 亿元、1.42 亿元，复合增长率为 -11.38%。企业盈利能力较盐业体制改革前下降，很大程度上是因为原来占据营业收入和利润主要部分的食盐业务销售价格大幅下降。

山西省盐业集团公司在改革前企业利润可达到 4000 万元。2018 年底，企业利润已锐减至 1000 万元，预计 2019 年还会大幅下滑。2019 年 1—4 月，公司开始出现亏损，主要原因是食盐批发价格大幅下降，由改革前平均 3000 元/吨下降到改革后的平均 800 元/吨，下降幅度达到 70%以上。

四川省 2018 年制盐生产企业共实现主营业务收入 12.35 亿元，实现利润 1640 万元，其中 3 家企业亏损，批发企业（四川省盐业总公司）由改革前年均盈利 2 亿元变为亏损 2 亿元。

2. 盐业生产企业利润先增后降

原有食盐专营制度下最突出的矛盾是生产企业和批发企业之间的利益分配问题，生产企业不能直接上市场。此次盐业体制改革的一大重要举措就是解禁生产企业的销售权，生产企业本应是此次盐业体制改革的最大受益者，大部分产品有特色、营销有水平的生产企业确实也从此次盐业体制改革中受益。本次调研的 109 家重点盐业生产企业主营业务收入 327 亿元，较 2016 年同期同比增长 4.77%；利润总额 21 亿元，较 2016 年同期同比增加4.55%。如产销合一的中盐新疆维吾尔自治区盐业有限公司，借助天山湖盐的独特地理优势，开拓自治区外市场，2018年在自治区外的销售量达5900吨，同比增长17.2%，创下历年来最高销售纪录。以四川久大制盐有限责任公司、成都云图控股股份有限公司、江苏苏盐井神股份有限公司以及中盐系企业等为代表的大型生产企业，2017年食盐销量都创下新高。

与此同时，生产企业为抢占市场投入了高额的销售费用和管理成本，导致利润增长水平与销量增长水平不匹配，并未达到预期水平，在一定程度上打击了生产企业跨区经营的积极性。而且，在经历了2017年的激增后，2018年生产企业呈现恢复性下降的态势。如成都云图控股股份有限公司，2017年云图控股抓住契机，拓展市场，销售食用盐（品种盐）49.32万吨，同比增长了69.80%；生产食用盐（品种盐）49.97万吨，同比增长了72.05%。食用盐板块实现营业收入5.02亿元，同比增长了36.13%；营业成本3.42亿元，同比增长了48.52%；毛利率31.84%，同比下降了5.68个百分点。产销两端都呈现旺盛情况。但2018年情况有了急剧反转。销售食用盐39.54万吨，同比下降了19.82%；生产食用盐37.668万吨，同比减少了24.60%；实现营业收入3.54亿元，同比下降了29.42%；营业成本3.05亿元，同比下降10.87%；毛利率13.92%，同比下降17.92个百分点。云图控股2018年食用盐业务的毛利率，较2017年呈断崖式下跌。

从上市公司苏盐井神的食盐板块相关经济指标看，尽管2018年食盐的产量和销量分别较2016年增长了30%和50%，但营业收入基本保持稳定，营业成本逐年攀升，毛利率更是从2016年的47.21%下降至22.21%，下降了50%之多。

上市公司云南能投旗下的产销合一的云南盐业公司，2018年销量较2017年同期下降了28.07%，导致云南能投利润总额较上年下降了18.96%。

内蒙古自治区锡林郭勒盟额吉淖尔盐场，2015年缴税846.55万元，实现利润3059.52万元；2016年缴税587.15万元，实现利润2718.04万元；2017年缴税493.81万元，亏损1528.2万元；2018年上半年缴税110.47万元，亏损892.10万元，全年预计亏损2000万元。

根据中盐协会公布的数据，统计的30家重点制盐企业2018年实现销售收入 111.83 亿元，较 2017 年同比增长 6%；利润 6.63 亿元，较 2017 年同比减少 19.7%，利润大幅下降。其中，亏损企业 8 家，占 26.7%；利润下降企业 20 家，占 60%。另外，还有部分生产企业为尽快拓展市场，适当放宽了信用条件，扩大了赊销额度，延长了账期，加大了应收账款风险。

从以上数据可以看出，在 2017 年盐业体制改革方案实施的第一年，以云图控股、苏盐井神等为代表的部分强势生产企业利用盐业体制改革政策直面市场，积极拓展市场份额，食用盐销售量和销售额都有了巨大的提升。但因价格因素，营业收入和利润增长与销量增长不成正比，而毛利率更是一降再降。同时，随着更多食盐定点生产企业进入市场，食盐批发企业防守反击，食盐市场竞争更加激烈，市场格局又有了新的变化。生产企业在 2018 年销售呈现恢复性下降或增速放缓趋势，食盐批发企业降速趋缓已较为明朗。当然，之所以出现这种情况，也不排除在盐业体制改革初期，各食盐生产企业为抢占市场，大量铺货，造成社会库存的原因，以至于 2018 年恢复性下降。[①] 从对四川自贡盐业企业的调研看，上述状况仍在延续（见表 8-3、表 8-4）。

表 8-3　2018 年四川自贡盐业企业生产经营情况统计

企业名称	盐产量/万吨			主营收入/万元	利润/万元
	食盐	工业盐	合计		
四川乐山联峰盐化有限责任公司	15.74	14.00	29.74	11332.00	-680.00
四川顺城盐品股份有限公司	14.48	46.40	60.88	19571.92	3028.00
四川久大制盐有限责任公司	30.00	28.00	58.00	33244.00	-3905.00
四川自贡驰宇盐品有限公司	14.34	10.78	25.12	12870.00	646.00
四川久大蓬莱盐化有限公司	33.00	26.89	59.89	14335.00	790.00
四川南充顺城盐化有限责任公司	9.85	11.43	21.28	9378.00	265.00
四川省天渠盐化有限公司	3.83	0.12	3.95	2746.01	-10.50
宜宾丰源盐业有限公司	13.91	43.38	57.29	20026.92	1506.67
合计	135.15	181.00	316.15	123503.85	1640.17

资料来源：四川自贡驰宇盐品有限公司 .2018 年企业生产经营情况统计表（1—12 月）[Z]. 2019-06-27.

① 周洪福 . 深度阅读：我国盐业体制改革的成效、问题及展望 [Z]. 2019-07-12.

表 8-4　2019 年 1—4 月四川自贡盐业企业生产经营情况统计

企业名称	盐产量/万吨			主营收入/万元	利润/万元
	食盐	工业盐	合计		
四川乐山联峰盐化有限责任公司	5.78	2.65	8.43	2917.00	-163.00
四川顺城盐品股份有限公司	7.48	13.77	21.24	7183.21	1165.00
四川久大制盐有限责任公司	9.50	6.70	16.20	8558.00	-448.00
四川自贡驰宇盐品有限公司	4.86	3.34	8.21	3760.00	151.00
四川久大蓬莱盐化有限公司	5.75	10.76	16.51	5739.00	170.00
四川南充顺城盐化有限责任公司	3.96	2.60	6.56	2553.00	-423.00
四川省天渠盐化有限公司	1.47	0.02	1.49	800.84	-319.88
宜宾丰源盐业有限公司	5.65	14.16	19.81	6188.08	200.09
合计	44.45	54.00	98.45	37699.13	332.21

资料来源：四川自贡驰宇盐品有限公司 .2019 年企业生产经营情况统计表（1—4 月）［Z］. 2019-06-27.

三、食盐生产企业参与市场竞争情况比较

在原有的食盐专营制度下，定价体系造成食盐生产企业利润微薄，生产企业不能直接进入市场，自主经营，一些盐业公司垄断了食盐的加工分装，食盐生产者没有自己的商标、品牌，极大地影响了食盐生产者提高自身竞争力的积极性，从而缺乏提高产品质量、开发新品种盐和进行设备更新改造的积极性。食盐生产企业品牌意识不强，市场竞争意识不强。

《方案》实施后，把确保用盐安全和激发市场活力有机结合，取消了食盐产销区域限制，改革食盐定价机制，鼓励企业自主经营、产销一体，通过兼并重组等方式不断做优做强，为行业健康发展提供动力。《方案》的这些举措有效地引入了竞争机制，倒逼企业转型升级，同时也进一步释放市场活力，促进市场优胜劣汰。并且，食盐定价机制的改革，前所未有地调动了生产经营者创新产品的积极性，使食盐市场供给层次更加丰富。例如，食盐企业陆续开发了绿色食盐、绿标食盐、竹盐、平衡盐、保健盐等多品种食盐，有的还引进国外海盐加工成高端食盐。

四、食盐批发企业参与市场竞争情况比较

在原有的食盐专营制度下，制盐企业生产的食用盐销售给盐业公司，盐业公司负责食盐的运输、分装和销售。我国大部分地区的盐政管理和经营队伍是一套机构两块牌子，盐务局是盐业管理政策的制定者、盐政执法者、生产企业的上级主管，同时也是盐产品的经营者。各级盐业公司承担着保证碘盐供应的政治任务，承担着资产保值增值、实现利润的经济责任，也承担着市场监管的行政职责。上述背景下，有的盐业公司借加强食盐市场管理之名，扩大专营范围。如有的地方盐业公司不但专营了漂染、制革、制冰冷藏等其他工业用盐，还对海水晶、海水素、足浴盐、沐浴盐等品种盐也实行变相专营。

《方案》实施后，允许食盐定点生产企业以自主品牌开展跨区域经营，实现产销一体或委托有批发资质的企业代理销售，对盐业公司的销售形成直接的冲击。同时，《方案》指出要结合行政执法体制改革，探索推进食盐安全监管体制改革，研究剥离食盐批发企业承担的行政管理职能，创造条件将食盐质量安全管理与监督职能移交食品药品监管部门或市场监管部门负责，这意味着食盐批发企业为实现政企分开迈出了关键步伐。因此，对食盐批发企业而言，《方案》的实施实际上对盐业公司提出了新的挑战。

以中国盐业总公司为例，面对改革和挑战，中盐主要加强了五方面工作：第一，实施战略转型。对整个业务体系进行重新梳理、重点塑造。第二，调整资产和组织结构。坚持有进有退、有所为有所不为的方向，关闭破产一些长期亏损、扭亏无望的企业，将小、散企业向优势企业集中，对业务互补企业进行重组合并。第三，加强扭亏脱困和增收节支。第四，加快推动原有食盐企业改革，重建营销体系。以创造价值为目标，实施内部产销改革。第五，加强区域整合和行业联合。整合北京、天津、河北三地盐业资源，成立了盐行业首家跨区域、产销一体的企业——中盐京津冀公司。该企业先后与安徽盐业、内蒙古盐业、福建盐业签订战略协议，在食盐产品、品牌、渠道、服务等方面全方位开展多层次实质性的合作，探索新的食盐产销方式，开发高端盐品。2019 年 1 月 1 日，由中国盐业集团有

限公司冠名的高铁——京广线正式发车。中盐集团将依托高铁国家名片，利用车身外彩贴、车外门贴、头片、桌贴、海报、品牌天幕、LED显示屏以及语言播报等媒体，向亿万高铁受众讲述中盐品牌故事，助力中盐品牌塑造和品牌价值提升。

目前，社会经销商以营销网络广、配送效率高、自身实力强的优势，成为寻求节约成本、抢占市场的外来盐企的主要争取对象。社会经销商介入食盐市场主要有三种方式：一是大中型商超。如沃尔玛、家家利这些规模较大的商超，盐企与之直接对接，直供终端。二是邮政集团。如天津长芦汉沽盐厂与山西省邮政集团开展合作，借助邮政的配送网络拓展终端。三是众多的调味品经销商。这个类别主要集中于农贸市场、批发市场的调味品经销商，通过与盐厂合作，成为垄断“一方市场”的事实上的批发商。这部分经销商是目前盐厂开展跨区经营的主攻对象，也是跨区经营中最大的争议所在。

五、消费者需求的市场情况比较

在原有的食盐专营制度下，由于产销各自独立，盐业公司处于买方垄断地位，生产企业不能直接到市场上销售，不能直接面对消费者需求。并且，经营区域按行政区域划分，形成了画地为牢、层层批发的业务经营及管理模式。这样，消费者在本地区食盐市场上，面对着品牌和品种都极为匮乏的食盐产品，也就是通常所说的消费者的选择权因制度设计受到了限制。

《方案》实施后，取消了食盐批发企业只能在指定范围销售的规定，允许食盐批发企业向食盐定点生产企业购盐并开展跨区域经营；食盐定点生产企业可以开展自主品牌跨区域经营，实现产销一体或委托有批发资质的企业代理销售。因此，消费者在食盐市场上有更多品牌和品种的食盐可供选择，消费者的选择权可以得到充分保障。据统计，目前江苏省各地市场的盐业企业数量均超过80家，食盐品种和品牌多达上百种。根据乌鲁木齐盐务局的统计，目前乌鲁木齐市场销售的食盐共有17种，价格从3元、

5 元到 20 元不等，分别来自新疆、上海、青海等省市区。[①]

从食盐市场终端零售价格来看，《方案》实施两年多来，食盐市场零售价格总体保持稳定，并未出现食盐零售价格大幅下降的情况，改革在盐价方面产生的红利没有完全落到广大终端消费者身上。出现这种情况的主要原因，就是中间流通商的存在。下游经销商和连锁商超利用其终端渠道优势，占据了主要利润，成为盐业体制改革价格红利的最大受益者。

河南省巩义市华富食品有限公司，以做复合调味料为主，每年用盐在 150~200 吨。据该公司营销总监胡熙航透露，“之前购买食盐，必须通过盐业公司，价格在每吨 1200 元左右，这还需要买家自己拉货。2017 年盐业体制改革开始，不断有盐业定点生产企业主动前来洽谈，我最终和久大、皓龙两家盐企签订了合作协议，价格为 450 元一吨，管送”。江苏徐州经销商董先生告诉调味君，在盐业体制改革之前，当地食盐的终端售价达 5500 元左右；盐业体制改革过渡期实施以来，其价格直接降至 1000 多元，食品加工企业的用盐成本一吨减掉近 4000 元。以海天酱油为例，由于盐价下调，在 2017 年第一季度，其在食用盐采购方面减少了约 1 亿元的开销。数据显示，“中国榨菜之乡”的涪陵 2017 年 9 月有榨菜生产企业 36 家，榨菜常年加工户 1727 户，年产销成品榨菜约为 47 万吨。腌制每吨鲜榨菜，需要用盐 150 公斤左右。按这个数据计算，47 万吨鲜榨菜就需要 7.05 万吨食盐，就算每吨节约食盐成本 500 元，该区榨菜生产企业就节省了 3525 万元的成本。此前，国家发改委经济体制综合改革司巡视员王强曾表示，我国 1000 万吨食盐中，多以中低端食盐的表现形式出现在市场，从大多数经销商反馈的数据来看，价格降低 50%之后，原 1000 元/吨的食盐降至 500 元/吨，以低端食盐占比 60%计算，仅这一项，用盐的单位和个人整体就节省了约 30 亿元。[②]

---

① 郭玲 . 新疆盐走进品牌时代［EB/OL］.（2018-09-19）［2018-09-19］. http：//www. xinjiangnet. com. cn/2018/0919/2105603. shtml.

② 盐业体制改革下的众生：有企业用盐成本降 50%，一季度节省上亿元［EB/OL］.（2019-07-23）［2018-06-28］. https：//www. sohu. com/a/238199999_ 540853.

第九章 《盐业体制改革方案》实施后市场主要表现和存在问题（2018）

一、《盐业体制改革方案》实施后市场主要表现

（一）政企分开工作积极推进

2017 年 1 月 4 日，各省（市、区）的盐业体制改革方案已经获得了发改委和工信部的批复，其中关于剥离食盐批发企业行政管理职能主要有三种方式：第一种方式是将盐务局直接从各个盐业公司剥离划拨到相应的行政管理部门。第二种方式是将批发企业原有的行政管理职能划分为两个部分：一是盐业行政管理、食盐专营工作及当地盐业发展规划和产业政策的制定；二是食盐质量安全管理与监督。在此基础上，将不同的职能划拨到对口的行政部门进行归口管理。第三种方式是尚未明确相关职能划分。

从全国情况来看，政企分开工作取得了积极进展。如河北省撤销了盐务局，盐业管理职能划转到省直相关部门。具体做法是：河北省盐务局及所属单位整体划转到新组建的市场监管局，将省盐务局承担的盐业行业管理职能和人员转到省工信厅，撤销了省供销社盐业管理办公室，将省供销社承担的食盐质量安全监管职能也划转到省市场价管局，流通领域其他盐业行政管理职能划归到省工信厅，同时，成立省盐政稽查总队和相关市盐务局、盐政所，将从事盐业管理和执法的企业身份人员转变为事业身份后，整体划转到省市场监督局。根据 2018 年 3 月 27 日省政府专题会议审议批准的《河北省盐业公司集中统一监管改革总体实施方案》安排，省盐业公司已经移交省国资委监管。这样，河北省基本实现了盐业政企分开，各市县的盐业政企分开工作也在进行中。

安徽省盐业公司于 2018 年 5 月 4 日召开了内部三项制度改革动员大会，10 月 30 日召开安徽盐业体制改革人员分流安置动员部署大会。2019 年 1 月 28 日，安徽省召开省属企业 2018 年改革发展情况新闻发布会，表示安徽省“盐业体制改革积极推进，政企分开、人员分流基本完成，盐业总公司完成公司化改制”。

2019 年 4 月 16 日，河南省人民政府办公厅公布《河南省级盐业部门政企分开实施方案》（豫政办〔2019〕33 号），明确要求原省盐务局与省盐业总公司实施政企分开，省盐业执法监督局不再承担盐业经营管理职能。省盐业总公司为独立核算、自负盈亏的经营实体，不再承担行政管理职能，并重新办理企业法人登记相关手续。省盐业总公司与原省盐务局政企分开后，明确为省管竞争类国有企业，纳入省管骨干企业管理范围，由省政府国资委履行出资人职责，省工业和信息化厅负责行业管理、业务指导。

四川省于 2017 年 12 月 28 日开展盐业监管职能移交，省、市、县（区）三级经济和信息化部门及食品药品监管部门顺利承接各自相关职能。2018 年 2 月，四川省制定了《四川省盐业体制改革参加公务员（参照公务员管理人员）考试录用实施方案》，发布招考公告，组织并完成了全省招聘公务员及参公管理人员 364 人，充实了监管力量。至此，原来由省盐业总公司承担的行政管理职能彻底剥离，实现了政企分开，省、市、县（区）三级盐业管理机构、编制、人员基本到位，新的盐业专业化监管体制基本建立。

（二）食盐市场由独家垄断走向多元主体参与，竞争格局基本形成

由于工业盐市场早已市场化，因此，《方案》出台主要针对的是食盐市场化改革。从各省情况看，从 2017 年 1 月 1 日起，各省均取消了食盐指令性计划，放开了食盐价格，基本上按规定取消了产销区域限制，盐业经营与管理按照新的食盐专营体制运行。从近两年的实践看，虽然仍保留着专营体制，但与《方案》出台前的专营相比，市场经营主体逐渐形成了相互渗透的局面，食盐生产企业的积极性已经调动起来。各地食盐市场由独

家垄断走向多元主体参与，食盐品种明显增多，价格在竞争中稳中有降，盐业市场竞争的格局基本形成。

《方案》实施前，全国虽然有2000余家批发企业、近300家制盐企业，但是从各省市区域看，食盐经营主体基本由各省市级盐业公司控制，盐业市场基本处于独家垄断的状况，市场价格由地方盐业公司控制，食盐企业竞争意识单薄。

此次盐业体制改革，打破了原有的食盐生产批发区域限制，取消了食盐定点生产企业只能销售给指定批发企业和食盐批发企业只能在指定范围销售的规定。《方案》规定食盐企业可以通过四种不同的途径开展跨区经营。盐业体制改革方案实施以来，国内具备资质的170家盐业生产企业和省级批发企业得以打破地域限制，跨省进行食盐销售。就全国范围而言，全国县一级以上的食盐经营主体达到2600家左右。许多省级盐业公司和食盐定点生产企业开始布局全国，在各省进行备案注册，在多个省份设立销售分公司和加工基地，实行跨区经营。

目前，各省、直辖市市场在一定程度上形成了食盐产品经营主体多元化局面。例如，浙江省已报送跨区域经营信息的食盐定点生产企业和多品种盐生产企业共计108家，省级食盐批发企业22家；宁波地区面向全国170家具有市场主体资格的食盐生产和批发企业开放了市场；福建省备案的外省盐业企业有120多家，已经开展经营的企业达到30家。

（三）企业竞争意识增强，通过多种途径和手段参与市场竞争

《方案》的实施改革了食盐政府定价机制，放开了食盐出厂、批发和零售价格，规定企业可以根据生产经营成本、食盐品质、市场供求状况等因素自主确定食盐价格。这从政策方面赋予了企业主体竞争的主动权，加上市场竞争格局的变化，《方案》实施后，无论食盐生产企业还是批发企业的竞争意识被大大激发，食盐企业通过多种途径积极参与市场竞争。

1. 食盐企业加大了品牌建设和宣传力度

《方案》实施后，企业开始意识到品牌在市场竞争中的重要作用，纷纷加大品牌建设和宣传力度。主要表现在三个方面：

第一，食盐生产企业开始推出自己的企业品牌。《方案》实施前，一些盐业公司基本垄断了食盐的加工分装，多数食盐生产者没有自己的品牌和商标。随着市场竞争的加剧，品牌的作用日趋凸显，食盐生产企业加快自身品牌的建设步伐，纷纷推出自己的企业品牌。例如，锡林郭勒盟额吉淖尔盐场，在盐业体制改革过程中，依托额吉淖尔湖盐微量元素富集，纯天然、无污染等诸多优势，推出“大青盐”商标，获得了国家地理标志证明、绿色食品认证、自治区名牌产品和诚信品牌等多项荣誉，逐渐树立了自身的品牌形象；江苏金桥公司通过近两年市场开发，其“猴王”“古淮”“金淮”三大自主品牌的销量逐渐攀升，占据了一定的市场份额；甘肃武阳盐化有限公司和高台北坡盐业有限公司分别以自有品牌“漳盐”“隆源”直接进入市场销售，自主确定生产销售数量并建立销售渠道，实现产销一体化。

第二，一些企业通过优化包装提升品牌优势。从市场观点看，包装是商品的重要组成，通过它可以使消费者产生购买欲望，从而刺激消费。“杜邦定律”发现：包装对消费者的购买行为具有至关重要的影响，63%的消费者是根据商品的包装来选购商品的。意识到包装重要性的一些食盐企业开始通过改善包装样式和材质、提升包装的个性化水平等手段提升企业和产品的品牌形象。例如，中盐北京市盐业公司的多款新品在包装材质方面进行了全面升级，新包装的强度与耐久度得到很大提升。此外，包装上采用了全新的激光花纹制版防伪技术，有效提升防伪功效。湖南省轻工盐业集团、福盐集团将先进的防伪可追溯二维码印制在产品的新包装上。四川久大盐业（集团）公司的“自贡井盐系列”，通过包装上自贡井盐的代表性文化符号井架为主形象主视觉，同时凸显自贡井盐深厚的文化底蕴，建立了清晰的产品形象认知和产品形象记忆度。

第三，食盐企业开始逐步加大品牌宣传力度。食盐企业通过多种渠道宣传品牌内涵和形象。除了依靠传统的 POP、电视、广播、报纸、杂志、户外等媒体开展宣传外，一些企业开始探讨移动互联网媒体的宣传。调查显示，截至 2018 年底，31 家省级食盐批发企业中，80.6%的企业设置了自己的企业网站；44.4%的食盐定点生产企业有网站；40 家多品种盐生产企业中，15家设置有网站。此外，还有一些企业纷纷利用微博和微信公众号开展企业产品和形象的宣传。例如，内蒙古自治区盐业公司开设了“蒙盐微博”和“蒙盐微信”；福建省盐业集团有限责任公司开设了“闽盐匠心”公众号；广东省盐业集团江门有限公司开设了“广盐健康大厨房”公众号进行食盐宣传。

青海盐业在《盐业体制改革方案》印发后，就于2016年8月8日在西宁举办了以“茶卡湖盐——引领原生态食盐新品质时代”为主题的“首届茶卡湖盐论坛暨茶卡盐新品发布会”；2016年8月举办首届茶卡湖盐论坛；2016年11月30日，盐业体制改革新政正式落地前夕，青海盐业在甘肃注册成立了第一家省外分公司，并于2017年2月23日在甘肃兰州举行了茶卡湖盐产品首场省外的产品推介会；为宣传茶卡湖盐品牌，2017年率先在中央电视台综艺频道等多家电视媒体投放“茶卡盐”广告；2019年1月起又携手中央电视台财经频道（CCTV-2）美食栏目《回家吃饭》，传递爱与健康的生活理念，进行精准市场营销，打造具有全国影响力的食盐品牌。①

2. 食盐企业纷纷加快了渠道建设步伐

《方案》实施后，食盐企业纷纷利用政策给予的机会，加快渠道建设步伐，主要表现在两个方面：

第一，针对市场的不确定性，采取了合作营销和自主营销相结合的方式。一方面通过战略合作方式进入新市场；另一方面，积极与大型商超零售终端及各省市第三方物流对接协调，根据需求提供产品。如2017年2月28日，云南盐业和云南邮政签署战略合作协议，携手应对市场挑战，双方充分发挥客户、产品、渠道、平台、金融、仓储配送等方面的资源优势，2017—2018年向全省129个县累计销售配送食盐1.67万吨。从2019年1月1日起，云南邮政将全面接管省内18个区县食盐的仓储、配送、销售、管理和结算，意味着双方合作已从单一盐产品销售向综合一体化服务方面不断延伸，从单一食盐需求客户向多层次、多需求大众不断拓展。

① 老盐头．应对盐业体制改革的青海样本［Z］．咸盐淡语，2019-03-29.

2017 年 2 月至 2018 年 9 月，包括中盐集团在内，云南、青海、四川、湖南、河北、辽宁、甘肃、天津、北京、新疆、内蒙古、宁夏、江苏、吉林 14 家省（市、区）级食盐批发企业先后与当地邮政部门“自由恋爱、喜结连理”。部分生产企业也与邮政牵手，如中盐国本公司承担了河南、山东、广东三省邮政业务的对接；中盐新干盐化公司与江西邮政、贵州邮政，中盐东兴盐化公司与安徽邮政领取了“结婚证”。青海盐业按照一个分公司、一场推介会的标配，稳抓稳打、步步为营，现已在全国 23 个省（市、区）建立起 25 家分公司（销售部），食盐产品销售范围已覆盖全国。①

第二，利用网络平台开设电商渠道，实现了实体渠道和网络渠道的有机结合。例如，中盐京津冀盐业有限责任公司，在京东、国美、1 号店都开设了网店；江苏省盐业集团有限责任公司开设了自己的网上商城“苏盐优家”和“苏盐优品惠”；山东省盐业集团有限公司有自己的“好盐网”。还有一些食盐生产企业，如江苏金桥公司积极推进电商平台建设，构建网上订货、配货、结算的现代营销网络体系，实现了线上线下同步促销；湖北长舟盐化有限公司、浙江绿海制盐有限责任公司等企业也在阿里巴巴和淘宝上开设了自己的电商平台。

（四）食盐市场产品日益丰富

《方案》实施后，各地食盐市场产品品牌和种类更加丰富。《方案》及相应的配套盐业体制改革政策的实施激发了生产企业创新活力，食盐定点生产企业在市场推出了更多食盐品种。从消费市场看，目前一些常规超市在售食盐品种多达 20 种以上，一些大型超市食盐品种更多。

《方案》实施后，多品种食用盐在市场占比逐渐提升，经营的差异化也正成为食盐生产和销售新的利润增长点。目前，随着人们生活水平的提高，食盐市场的差异化主要表现为功能的差异化，食盐定点生产企业开发了具有不同功效的食盐产品。如补充微量元素的加钙、富硒和含益生元的食盐，满足人们保健需求的红枣盐、枸杞盐等。如山东寒亭一场，在改革

① 老盐头．应对盐业体制改革的青海样本［Z］．咸盐淡语，2019-03-29.

中坚持以市场需求为导向，瞄准高档高端，突出特色，把加快调整产品结构作为应对盐业体制改革的重要举措，不断加大新产品研发力度。近期，他们成功研发出熟盐、明玉山熟盐、付灵熟盐、菌菇提鲜盐、胡椒调味盐、海蓬子调味盐、果蔬洗涤盐 7 种食盐和生活用盐产品。新产品的成功研发，不仅丰富了产品储备，延长了产业链条，满足了市场对多元化的需求，更有力提高了市场竞争力，夯实了企业发展基础。再如青海盐业，增加了炖肉盐、藏青盐、泡菜盐、研磨盐等 10 余个品类，消费者的选择更加丰富，产品呈现立体观感。此外，青海盐业聘请专业的设计公司对产品包装、色调、样式进行了全方位专业化设计，将青海的人文、民族等特色融入产品包装中，力求使产品从内到外都能反映出青海特色，目前公司已拥有 2 个省级名牌和 1 个省级著名商标。还有，湖南盐业为增强市场竞争力，2018 年研发投入 9130 万元，占营业收入的 3.96%，研发投入金额同比增长 43.95%，研发人员 447 人，研发人员数量占公司总人数的比例达到 10.87%。目前湖南盐业已拥有专利 100 项，其中发明专利 27 项。

此外，基于使用场景的差异化，一些食盐定点生产企业还开发了针对不同的使用场景需求及用途的食盐产品，如餐饮专用盐、麻辣调味盐、红烧调味盐等。

（五）市场竞争逐步过渡到相对稳定的状态

《方案》实施初期，由于国内盐业市场产能过剩，产大于销的矛盾比较突出，加上企业对市场认识不足，《方案》一出台，各个企业纷纷涌入新市场。原有的市场平衡被打破，导致市场出现价格混乱局面。食盐市场批发价格整体下降明显，调查显示，部分地区普通食盐产品批发价格下降幅度 30%～50%不等；全国食品加工用盐的平均降幅在 40%～50%；小包装食盐的平均降幅在 30%左右。部分省市的降幅更加明显，有的省份一包普通的 500g 碘盐由 2017 年初的 2.5 元降到年末的 1 元。

2018 年以来，由于政策更加完善，加之盐业市场生产和批发类企业之间的博弈趋于平衡，整个盐业市场逐步走向比较稳定的状态。

二、《盐业体制改革方案》实施后对消费者的影响[①]

《方案》主要内容是在坚持食盐专营制度的基础上，推进供给侧结构性改革，允许食盐定点生产企业进入流通和销售领域，进一步释放市场活力。从 2017 年 1 月 1 日起，食盐定点生产企业可进入市场销售食盐，食盐批发企业可在本省内开展经营，食盐的生产、销售环节价格放开，以建立公平竞争、监管到位的市场环境。[②] 如今《方案》实施已经有两年多的时间，本次盐业改革的效果如何，尤其是盐业体制改革对消费者的影响是人们普遍关注的问题。因此，深入了解盐业体制改革对消费者的影响，对进一步推动我国盐业管理体制改革具有重要意义。

（一）问卷设计、数据来源与样本描述

1. 问卷设计

调查问卷整体包括三方面内容：一是消费者的基本信息，主要调查消费者的收入、食品支出占总收入的比例、在家就餐频率等；二是消费者对《方案》的了解情况，包括对《方案》的了解程度、所担心的主要问题等；三是盐业体制改革后食盐消费情况，主要包括盐业体制改革后是否对消费者的生活产生了影响，食盐品种、价格变化情况，消费者购买食盐时所关注的信息，影响购买食盐的因素、渠道等。

2. 数据来源

本书所用数据来源于 2019 年 1—8 月对消费者开展的问卷调查。在调查过程中，充分利用了问卷星、微信等工具多渠道地进行问卷发放，共收回有效电子问卷 1181 份。数据覆盖全国 31 个省、直辖市、自治区的消费者，涵盖群体范围广，具有较好的广泛性和一定的代表性。

3. 样本特征

问卷设计了 5 个问题。消费者的基本样本主要特征见表 9-1。

---

① 郝玉柱，张立民．盐业体制改革对消费者的影响分析［J］．中国盐业，2019（19）：19-25.

② 刘永胜，郝玉柱．我国盐业管理体制演进轨迹和未来展望［J］．改革，2018（3）：43-53.

表 9-1 消费者的样本主要特征

序号	统计指标	指标分类	样本数	比例/%
1	性别	男	556	47.08
		女	625	52.92
2	现有家庭成员	1人	31	2.68
		2人	140	11.85
		3人	493	41.74
		4人	277	23.45
		5人及以上	240	20.32
3	家庭月收入	2000元以下	83	7.03
		2000~4000元	201	17.03
		4000~8000元	308	26.07
		8000~12000元	230	19.47
		12000~20000元以上	184	15.58
		20000元以上	175	14.81
4	食品支出占总收入的比例	<10%	181	15.32
		10%~30%	689	58.34
		30%~50%	239	20.23
		>50%	72	6.09
5	在家就餐频率	每天	465	39.37
		经常	393	33.27
		偶尔	213	18.03
		基本没有	110	9.31

从表9-1中可以看出：接受调研的男性消费者占47.08%，女性占52.92%，女性消费者的数量略多于男性。接受问卷调研者的家庭成员以3口之家为主，占比达41.74%，比较符合我国目前的家庭结构现状。从接受调研者的个人月收入情况来看，处于4000~8000元的消费者占26.07%，个人月收入介于8000~12000元的占19.47%，说明大部分消费者的月收入处于中等水平。从食品支出占总收入的比例看，占10%~30%的消费者的比例高达58.34%。根据恩格尔系数，食品支出占总收入的比例达59%以上为贫困，50%~59%为温饱，40%~50%为小康，30%~40%为富裕，低于30%为最富裕。从表9-1中可以看出被调研者多数已达到小康及以上生

活水平。从在家就餐频率看，每天或经常在家就餐的比例高达 72.64%，说明绝大多数消费者在家就餐，对家庭所用食品包括食盐应该有所了解或亲自购买。以上样本特征保证了问卷的可用性。

（二）消费者对盐业体制改革的了解程度分析

1. 调研情况

在 2017 年实施《方案》两年后对消费者进行问价调研，问卷设计了 5 个问题，样本数及回答情况见表 9-2。

表 9-2　消费者对《方案》了解程度情况

序号	问题	选项	样本数	比例/%
1	是否知道《方案》发布	是	436	36.91
		否	745	63.09
2	是否了解《方案》内容	是	341	28.87
		否	840	71.13
3	《方案》对食盐专营制度的规定是*	取消了专营	121	35.48
		进一步完善专营	203	59.54
		维持原有的专营体制	17	4.98
4	《方案》对盐产品批发环节的规定是*	食盐只能由各地盐业公司统一批发	52	15.24
		食盐只能由食盐定点生产企业批发	42	12.31
		食盐只能由现有食盐定点生产企业和食盐批发企业批发	212	62.17
		任何企业都可以批发	35	10.27
5	《方案》对食盐监督体制的规定是*	食盐安全监管由盐业公司负责	42	12.31
		食盐安全监管由食品药品监督部门负责	185	54.25
		食盐安全监管由市场监督部门负责	98	28.74
		其他	16	4.70

注：* 该问题只有 341 个样本（不了解《方案》内容的消费者没有回答）。

2. 问题分析

从表 9-2 可以看出，《方案》实施两年多了，但知道《方案》发布的人数占比只有 36.91%，多数人并不知道《方案》发布和实施。同样，对于《方案》的内容，更是有 71.13%的被调研消费者不了解，说明虽然食盐对人们的生活关系重大，且没有替代品，但长期以来，特别是新中国成立以来，在计划经济以及后来的专营体制下，食盐的供给数量充足、价格稳定，在消费支出中所占的比重较小，没有影响到日常生活。本次盐业体制改革方案的出台，也主要是对原有专营体制的完善，《方案》实施后，价格整体来说是稳中有降，市场供应依然充足，并未引起更多的消费者注意。这样，在接下来的问题中，只有 28.87%的被调研者表示了解并进行了回答。从收集到的 341 个样本中可以看出，绝大多数被调研者的回答还是比较准确的。

（三）盐业体制改革后对食盐消费的影响分析

1. 调研情况

针对盐业体制改革后对消费影响的分析，问卷设计了 6 个问题，样本数及回答情况见表 9-3。

表 9-3　盐业体制改革后对消费影响情况

序号	问题	选项	样本数	比例/%
1	盐业体制改革后是否对您的生活产生了影响	是	354	29.97
		否	827	70.02
2	盐业体制改革后食盐品种变化情况	品种更多	511	43.26
		品种基本没有变化	141	11.93
		品种更少	22	1.86
		未注意到其变化	507	42.92
3	与盐业体制改革前对比食盐销售价格变化情况	普遍降价	92	7.79
		基本没有变化	238	20.15
		普遍涨价	209	17.69
		先降后升	20	1.69
		先升后降	11	0.93
		普通盐降价	48	4.06
		高档盐提价	57	4.82
		未注意到其变化	506	42.84

续表

序号	问题	选项	样本数	比例/%
4	购买食盐中最关注的信息（可多选）	生产经营者	236	19.98
		品牌	554	46.90
		是否加碘	574	48.60
		原产地	183	15.49
		组成成分	268	22.69
		生产日期	470	39.79
		是否有绿色产品/无公害产品/有机产品标识	583	49.36
		其他（请填写）	54	4.57
5	影响购买食盐的主要因素（可多选）	质量	725	61.38
		价格	448	37.93
		品牌	461	39.03
		原产地	177	14.98
		包装	174	14.73
		是否加碘	473	40.05
		盐的种类（井矿盐、湖盐、海盐）	434	36.74
		成分配料	219	18.54
		是否有绿色产品/无公害产品/有机产品标识	443	37.51
		食盐在销售场所摆放的位置	115	9.73
		其他	47	3.97
6	购买食盐的渠道（可多选）	电商平台	90	7.62
		大型超市	732	61.98
		中型超市	477	40.38
		便利店/街边店	495	41.91
		其他	40	3.38

2. 问题分析

（1）盐业体制改革后是否对消费者的生活产生了影响。70.02%的消费者认为没有影响。主要原因有两个：一是《方案》实施整体上平稳有序，食盐市场供应与盐业体制改革前相比没有大的变化；二是本问卷是通过网络完成的，一些边远地区的消费者可能没有参与本次调研。当然，这其中还有近30%的消费者认为有影响，这是需要以后继续深入调研的，弄清影响的具体情况。

（2）盐业体制改革后食盐品种变化情况。较大一部分消费者“未注意到其变化”，说明一些消费者习惯了“卖啥吃啥”，或者认为盐的功能单一，没有什么差别。而在注意到品种变化的消费者中，多数消费者认为“品种更多”了，说明盐业体制改革后生产经营企业更注重产品创新，多数消费者也感受到了这种变化。

（3）与盐业体制改革前对比食盐销售价格变化情况。与上一个选项一样，大部分消费者“未注意到其变化”，说明食盐价格一直较为稳定。注意到价格变化的消费者中，也有20%的消费者认为价格“基本没有变化”；而认为“普遍涨价”的要高于认为“普遍降价”的近10个百分点。这也在一定程度上印证了笔者调研中一些盐业经营者认为“食盐市场零售价格总体保持稳定，并未出现食盐零售价格大幅下降情况，改革在盐价方面产生的红利没有完全落到广大终端消费者身上，下游经销商和连锁商超利用其终端渠道优势，占据了主要利润，[①] 成为盐业体制改革价格红利的最大受益者”的说法。

（4）购买食盐中最关注的信息。这是一个可以多选的调研选项。从被调研者选择看，“是否有绿色产品/无公害产品/有机产品标识”“是否加碘”“品牌”居前三位，说明消费者非常关注产品的质量，包括是否为绿色及加碘情况等。同时，品牌也是消费者关注的一个重要信息，因为好的品牌代表着人们对其产品质量的认可，品牌本身就体现着产品质量。

（5）影响购买食盐的主要因素。与上一个选项基本相同，“质量”“是否加碘”“品牌”“是否有绿色产品/无公害产品/有机产品标识”是影响消费者购买食盐的主要因素。

（6）购买食盐的渠道。从被调研者选择的情况看，大中型超市及便利店/街边店这些传统的销售渠道是消费者主要的购买场所，而在电商平台上购买的较少，不足被调研者的8%。

（四）北京地区与非北京地区消费者的对比分析

本次问卷调研的消费者中，北京地区的消费者达到359人，占被调研样

① 郝玉柱．我国盐业体制改革的进展及成效［J］．内蒙古社会科学（汉文版），2018，39（2）：109-116+189.

本数的30%。北京作为国际化大都市，是全国的政治中心，食盐消费安全不仅关系到人民的日常生活，更关系到社会的稳定。加之北京地区被调研的消费者数量占到总量的近1/3，也有一定的代表性。通过与非北京地区消费者的对比分析，除前面的共同特征及人所共知的特征（如收入水平高、在家就餐率低）外，盐业改革对北京地区消费者的影响有以下的不同点。

1. 关于“消费者对盐业体制改革的了解程度”，北京地区消费者低于外地消费者（见表9-4）。

表9-4　北京地区与非北京地区消费者对盐业体制改革的了解程度

序号	问题	选项	非北京地区		北京地区	
			样本数	比例/%	样本数	比例/%
1	是否知道《方案》发布	是	353	42.9	83	36.7
		否	469	57.1	276	63.3
2	是否了解《方案》内容	是	291	35.4	50	13.9
		否	531	64.5	309	86.1
3	《方案》对食盐专营制度的规定是*	取消专营	101	34.9	20	40.0
		进一步完善专营	175	60.2	28	56.0
		维持原有专营体制	15	4.9	2	4.0
4	《方案》对盐产品批发环节的规定是*	食盐只能由各地盐业公司统一批发	45	12.3	7	34.0
		食盐只能由食盐定点生产企业批发	31	9.3	11	22.0
		食盐只能由现有食盐定点生产企业和食盐批发企业批发	189	62.5	23	46.0
		任何企业都可以批发	26	9.8	9	18.0
5	《方案》对食盐监督体制的规定是*	食盐安全监管由盐业公司负责	38	12.6	4	8.0
		食盐安全监管由食品药品监督部门负责	151	53.9	34	68.0
		食盐安全监管由市场监督部门负责	89	28.6	9	18.0
		其他	13	4.8	3	6.0

注：*该问题只有341个样本。

在调研的5个问题中，北京地区的消费者除“新的盐业体制方案对食盐监督体制的规定”一项正确回答率较高外，其余4个问题均低于非北京地区的消费者。这一调研结果有些出乎意料，因为北京信息畅通，消费者中知识分子居多，对国家相关政策知晓快，了解多，但对盐业体制改革方案知之较少。这一方面可能是由于北京工作节奏较快，加之食盐消费在北京地区的消费支出中占比更小（有的甚至常年不在家里就餐），未引起关注；另一方面也与宣传不够有关。

2. 盐业体制改革对北京地区食盐消费的影响与非北京地区相比存在差异

针对盐业体制改革后对消费影响的分析，问卷设计了6个问题，样本数及回答情况见表9–5。

表9–5 盐业体制改革对北京地区与非北京地区消费者影响对比

序号	问题	选项	非北京地区		北京地区	
			样本数	比例/%	样本数	比例/%
1	盐业体制改革后是否对您的生活产生了影响	是	288	35.0	66	18.4
		否	534	65.0	293	81.6
2	盐业体制改革后食盐品种变化情况	品种更多	397	48.3	114	31.7
		品种基本没变	107	13.0	34	9.4
		品种更少	15	1.8	7	1.9
		未注意到变化	303	36.9	204	56.8
3	与盐业体制改革前对比食盐销售价格变化情况	普遍降价	78	9.0	14	3.8
		基本没有变化	184	22.3	54	15.0
		普遍涨价	154	18.7	55	15.3
		先降后升	16	1.8	4	1.1
		先升后降	9	1.1	2	0.5
		普通盐降价	41	4.8	7	1.9
		高档盐提价	45	5.5	12	3.3
		未注意到其变化	295	35.9	211	58.7

续表

序号	问题	选项	非北京地区		北京地区	
			样本数	比例/%	样本数	比例/%
4	购买食盐中最关注的信息（可多选）	生产经营者	159	19.6	77	21.4
		品牌	363	44.3	191	53.2
		是否加碘	386	47.1	188	52.3
		原产地	134	16.5	49	13.6
		组成成分	182	21.9	86	23.9
		生产日期	320	38.8	150	41.7
		是否有绿色产品/无公害产品/有机产品标识	412	50.2	171	47.6
		其他	40	5.0	14	3.8
5	影响购买食盐的主要因素（可多选）	质量	503	61.4	222	61.8
		价格	334	36.9	114	40.1
		品牌	285	34.7	176	49.0
		原产地	134	16.2	43	11.9
		包装	126	15.4	48	13.3
		是否加碘	316	38.7	157	43.7
		盐的种类	291	35.7	143	39.8
		成分配料	154	18.5	65	18.1
		是否有绿色产品/无公害产品/有机产品标识	318	38.9	125	34.8
		食盐在销售场所摆放位置	82	9.8	33	9.1
		其他	34	4.0	13	3.6
6	购买食盐的渠道（可多选）	电商	45	5.1	45	12.5
		大型超市	474	53.7	258	51.8
		中型超市	334	37.8	143	39.8
		便利店	365	41.4	130	31.2
		其他	34	3.8	6	1.6

从表 9-5 可以看出，北京地区消费者认为盐业体制改革没有对生活产生影响（81.6%），高于非北京地区（65%）近 17 个百分点；北京地区消费者有 56.8%未注意到盐业体制改革后食盐品种的变化，而非北京地区的消费者有 48.3%认为食盐品种更多了；关于“与盐业体制改革前对比食盐

销售价格变化情况”，北京地区消费者“未注意到其变化”的达 58.7%，高于非北京地区（35.9%）约 23 个百分点；对于“购买食盐中最关注的信息”及“影响购买食盐的主要因素”，北京及非北京地区消费者关注点基本相同，都集中在“是否加碘”“品牌”“是否有绿色产品/无公害产品/有机产品标识”“质量”等方面，整体看差异不大；在“购买食盐的渠道”选项中，除了大中型超市渠道外，北京地区消费者从“电商”渠道购买食盐的比例明显高于非北京地区的消费者。

（五）调研结论与启示

1. 调研结论

通过网上问卷调研可以看出，《盐业体制改革方案》虽然已经实施两年多了，但大部分人并不知道《方案》的发布、实施及其内容。从盐业改革对食盐消费的影响看，多数人认为盐业体制改革没有对自己的生活产生影响，也未注意盐业体制改革后食盐品种及价格是否有变化。而在注意到品种变化的消费者中，多数消费者认为“品种更多”了。在购买食盐最关注的信息及影响购买的因素中，“是否有绿色产品/无公害产品/有机产品标识”“是否加碘”“品牌”居前三位。在购买渠道上，大中型超市及便利店/街边店等传统的销售渠道是消费者主要的购买场所。

通过北京地区与非北京地区消费者的对比分析后发现，对于“消费者对盐业体制改革的了解程度”，北京地区消费者低于外地消费者，北京地区消费者认为盐业体制改革没有对生活产生影响的高于非北京地区，北京地区消费者未注意到盐业体制改革后食盐品种及价格变化的也高于非北京地区。对于“购买食盐中最关注的信息及主要影响因素”，北京及非北京地区消费者关注点基本相同。北京地区消费者从“电商”渠道购买食盐的比例明显高于非北京地区的消费者。

2. 调研启示

（1）加大对消费者特别是对大城市消费者的宣传力度。让广大消费者知晓盐业管理体制的变革，专营体制已经进入“后专营”时代。[①] 即生产企业直接上市场，食盐经营主体增多、品种增加、价格放开等，消费者的选择余地更大，可以满足不同消费者的个性化需求，但与此同时，食盐市场也由过去的“卖啥买啥”转变为“吃啥买啥”。这就需要消费者有更强的鉴别能力，选择适合自己的食盐。在宣传中要注意“抓两头带中间”，“两头”指的是大城市和边远地区。改革者往往容易忽视对大城市的宣传，认为大城市的消费者消息来源广、接受能力强、信息渠道多等，但从调研情况看，大城市的消费者往往因工作生活节奏快等原因，不太注意对自己影响不大的“小事”，更容易形成“灯下黑”。边远地区信息相对闭塞，消费者如果不及时更新观念，以传统的专营思维方式看待“后专营”时代的食盐市场，假冒伪劣产品进入市场就有了可乘之机。

（2）生产经营企业要注重食盐产品质量和品牌。从调研结果看，多数消费者更注重产品的质量和品牌。质量和品牌是相辅相成的，好的品牌一定有好的产品质量做支撑，否则品牌就成了空中楼阁，无源之水。食盐产品因不同省区市的资源和环境特点而有所不同，但总体来说，食盐生产经营企业应按照 ISO 9001 质量管理标准体系和 HACCP 食盐安全管理体系加强企业的制度建设；在环境治理方面，按照食品安全国家标准进行系统改善；在食盐质量风险管控方面，国家、企业要陆续出台一系列管理制度，比如新产品上市核准管理办法、企业质量安全管理体系风险评估细则、食盐定点企业化验室能力考评方案等，实现食盐生产、销售全过程管理。[②] 对于一家具体盐业企业来说，要特别注意防止突发事件的发生。

（3）要打通食盐流通环节的“肠梗阻”。据笔者到盐业生产经营企业实地调研发现，盐业体制改革后食盐生产经营的出厂价、批发价价格持续下降，利润大幅减少，正常来说其零售价格也应持续降低。但从问卷调研的情况看，除了“未注意”价格变化者外，多数消费者认为价格与以前相

---

① 徐广姝，刘永胜．后专营时代北京市食盐质量安全保障机制研究——基于封闭供应链视角的分析［J］．中国流通经济，2017，31（11）：95-102.

② 沈美．以“市”利导盐业体制改革推动行业形成新格局［J］．中国盐业，2018（14）：20-23.

比没有变化甚至“涨价”，这与笔者实地调研的情况也基本一致。究其原因，就是流通环节出现了“肠梗阻”，即由于跨区域经营食盐批发业务受“四种进入方式”的限制，为了大规模“铺货”，只能违规委托“二批”“三批”商超、合作配送商销售食盐。而这些代批企业以低价购进，仍以原价销售，致使产销企业大额利润被中间商赚取，食盐产销企业及消费者没有真正享受改革红利。大部分利润被中间经销商和终端零售商获取，其获利水平比以前有较大幅度的增长，形成了从生产到终端销售利润分配新的不平衡。① 因此，要不断完善盐业管理体制，让跨区经营者和生产经营者真正成为市场主体，在食盐销售上与本地的经销商有同等的权利。

三、《盐业体制改革方案》实施后市场存在的主要问题

2017 年 1 月 1 日《盐业体制改革方案》正式实施后，盐业企业、消费者和一些行政管理部门都受到了不同程度的影响，实施两年多来，从不同侧面反映了一些问题。

（一）盐业企业面临的主要问题

1. 食盐企业效益普遍大幅下降

《方案》实施后，大部分盐业企业效益大幅下降。调查显示，2017 年，10%~15%的盐厂在亏损；40%左右的盐业公司呈亏损状态。到 2018 年亏损情况进一步加重。被调查的盐业生产企业中，3/5 的企业出现亏损的情况，盐业公司亏损的比例也呈大幅上升趋势，部分省份的市县级公司亏损达到 90%以上，一些地区如甘肃省 95%以上的单位亏损严重。

一些基础较好，掌握了较多资源，对本次食盐业体制改革准备充分的企业，虽然在盐业体制改革过程中受到了一定的市场冲击，但企业能够采取有力措施，及时应对，在保住原有市场份额的同时，积极进行新市场开拓，这类企业整体的市场占有率得到了提升。但是受市场竞争的影响，利润有所下降。例如，云南盐化股份有限公司 2018 年公告显示：盐业体制改

---

① 郝玉柱，许玉云．构建我国食盐价格稳定机制研究［J］．商业经济研究，2017（12）：20-23.

革实施后公司积极拓展省外市场，2017 年前三季度食盐销量较上年同期增长 19.14%，省外市场开拓食盐销量增长近两成。但是 2017 年度归属于上市公司股东的净利润同比变动幅度在-40.77%～-22.26%。

大多数原食盐批发企业由于长期受计划经济的影响，对食盐市场化认识和准备不足，导致企业市场份额和经济效益大幅下滑，企业经营受到严重影响。上述问题的出现主要归于以下两方面的原因：

第一，市场竞争激烈。《方案》实施初期，由于国内盐业市场产能过剩，产大于销的矛盾比较突出，加上部分企业对市场认识不足，各企业纷纷涌入新市场，打破了各地原有的市场平衡。市场出现了比较混乱的局面，表现为盐业批发价格不断下压。盐业体制改革政策实施以来，各地普通食盐产品批发价格下降幅度 30%～50%不等，有的地区原来 4000 元/吨，盐业体制改革后直接降至 1000 元/吨。部分地区食品加工用盐从原先的每吨 800 余元降至每吨 500 余元。盐业体制改革前是 100 元/箱（20kg）的普通精制盐，盐业体制改革后苏州、宿迁、南京已经下降到 35 元/箱。零售环节，部分低端食盐价格竞争也比较激烈。有的省份一包普通的 500g 碘盐由年初的 2.5 元下降到现在的 1 元，并且还有下降趋势。

第二，面对市场化挑战，传统盐业企业准备不足。面对盐业体制改革新形势，传统的盐业生产企业、批发企业无论在思想意识方面，还是在应对市场竞争的模式和手段方面准备不足。

我国长期实行食盐专营体制，大多数盐业生产企业、批发企业习惯了计划导向的经营理念和经营模式，普遍缺乏竞争意识，对市场化的进程认知不充分、准备不足。在改革之前，各地的食盐生产和销售都是计划指导，由盐业主管部门协调，各省（区、市）盐业公司制定生产及销售任务，各县市（区）分公司按照上级统一部署完成任务即可，食盐生产企业和各级批发企业不用考虑市场需求和竞争的情况。《方案》实施后，面对突然出现的市场化竞争形势，很多企业明显感到力不从心，有的还沿用过去的区域分割的思维方式，采用与《方案》不一致的方法企图继续维持垄断经营。例如，四川省久大盐业集团公司仅在 2017 年就被 24 个省的盐务部门查封、扣押、保存、没收盐品 6259 吨，开展复议诉讼维权案件 19 起；

驰宇盐品有限公司在云南省被查扣的盐品就高达1000吨。再如，2018年1月25日，山东某县盐务局（盐业公司）盐政执法人员违法、违规查扣某有食盐批发许可资质的批发单位盐产品32吨，导致合法货物被扣留4个月之久，被某有批发许可证的批发单位告到省监察委、中央巡视组，纪检监察部门及时介入调查。①

2. 企业组织结构调整和人才问题

《方案》要求政企分开，企业组织结构调整问题迫在眉睫，部分盐业公司面临改革压力大、成本高的问题。

此外，盐业生产和批发企业在新市场竞争形势下，如何适应市场化要求，调整经营思路，组建和调整适应市场竞争需求的组织结构，培养市场化的经营管理人才是确保企业生存的关键，也是企业当前必须面对的问题。

3. 企业战略调整问题

食盐专营体制下，食盐企业的生产销售按照计划指令完成。对于事关全局性、根本性、纲领性、竞争性的战略问题，各类食盐企业较少甚至不需要考虑。《方案》的实施，将盐业企业推向市场，市场竞争成为企业必须面对的常态。尤其在食盐市场供大于求的情况下，食盐企业的多元化经营、产销一体化建设、品牌打造等战略问题成为企业未来决胜的关键。

（二）消费者面临的主要问题

消费者认知障碍是盐业体制改革后消费者面临的最大问题。认知障碍包括两个方面：一是对此次盐业体制改革方案的认知障碍；二是对食盐产品的认知障碍。此外，消费者对碘盐的认知不足也是盐业体制改革过程中应该密切关注的问题。

1. 消费者对盐业体制改革方案的认知障碍

我国几千年的食盐专营，导致盐行业和食盐企业在消费者心目中的一

① 小鱼．阻碍盐业体制改革山东首例盐务局局长被免职［EB/OL］．［2018-06-13］http：//chengliwang.com/news/a/2018-06-14/6476.html.

些固化印象。此次盐业体制改革的目标是希望通过改革实现盐业资源有效配置，进一步释放市场活力，促进行业健康可持续发展，更好地造福于民。但是，由于宣传不到位，消费者对盐业体制改革的认知存在很大的障碍。2018 年 10 月 22 日—11 月 11 日，我们通过网络调研了 584 名消费者，54.45%的被调研消费者不知道《方案》的发布，62.5%的被调研消费者不了解《方案》的主要内容（见表 9-6）。由于消费者对整个盐行业及盐业体制改革的目的和内容等缺乏认知，所以在面对一些关于食盐行业、产品和改革相关的负面信息时，消费者普遍缺乏理性判断，人云亦云。

表 9-6　消费者对《方案》的发布及其主要内容的了解情况

是否知道该方案的发布			是否了解该方案的主要内容		
选项	样本数	比例/%	选项	样本数	比例/%
是	266	45.55	是	219	37.5
否	318	54.45	否	365	62.5
总计	584	100	总计	584	100

2. 消费者对食盐产品的认知障碍

《方案》实施后，市场上的食盐品类明显增加，加上消费者对食盐产品的认知障碍，造成消费者选择的困惑。目前，常规超市在售食盐品种多达 20 种以上，有些大型超市食盐品种高达 50 种。按照工艺不同，分为海盐、湖盐、井盐、岛盐；按添加成分不同，分为香菇、海苔、胡椒等食材的调味盐；按照食用方法不同，分为炖煮盐、凉拌盐、腌制盐；还有主打健康牌的低钠盐、钾盐、无碘盐、碘盐、钙强化盐等；按照价格不同，分为高端盐和中低档盐等。

面对众多的选择，消费者显得无所适从。相关的调查显示，目前很多消费者对食盐加碘问题存在认识误区，大多数消费者对高端盐和低端盐区分不敏感，更关注的是食盐的价格。对于高端盐，如海藻盐、低钠盐、多品种食用盐等，消费者认同感不强，还需要大量的科普。

3. 消费者对碘盐认知不足

由于消费者对食盐加碘问题缺乏正确的认识，再加上一些错误的报道，因此消费者对食盐加碘问题存在认知误区。在课题组对消费者的问卷调研中，有 28.76%的消费者认为“中国人目前已经不需要吃碘盐了”，33.48%的消费者认为“甲亢是因为碘盐食用过量导致的”，60.52%的消费者认为“碘盐与甲状腺疾病（甲状腺结节、甲状腺癌等）有直接关系”，36.91%的消费者认为“吃海产品可以代替碘盐补碘”（见表 9-7）。

表 9-7 消费者对碘盐的认知情况

选项	样本数	比例/%
中国人目前已经不需要吃碘盐了	67	28.76
甲亢是因为碘盐食用过量导致的	78	33.48
碘盐与甲状腺疾病（甲状腺结节、甲状腺癌等）有直接关系	141	60.52
吃海产品可以代替碘盐补碘	86	36.91
样本总数	233	

（三）政府部门有待完善的问题

1. 相关法规条文的修改未能与《方案》同步

《方案》实施后，国家虽然出台了一系列措施，但地方性盐业法规的调整修正滞后，国家和各省市相关配套政策不完善，相关规定缺乏操作性，部分规定存在相互矛盾的方面。

第一，国家层面的政策。《方案》比较宏观，对批发、零售和专营等核心概念缺乏统一的界定，致使操作中各方认识不一致，执行中出现一些混乱现象。2016 年 12 月 19 日，工业和信息化部办公厅和国家发展改革委办公厅就食盐批发企业跨区销售食盐的方式发出了《关于加强改革过渡期间食盐专营管理有关工作的通知》（工信厅联消费〔2016〕211 号），规定在改革过渡期内，食盐批发企业（含取得食盐批发许可证的食盐定点生产企业）开展食盐销售经营活动可以通过以下四种方式进行：①通过自建物流系统或与第三方物流企业签订配送合同，委托其将食盐配送到商超、销售网点以及从事食品加工、餐饮服务的单位等食盐终端用户；②通过自建分公司进行食盐销售业务，自建的分公司不得委托没有食盐批发许可资质的单位、个人开展经营活动；③通过自建销售网点直接开展食盐销售业务；④通过现有渠道开展食盐销售业务。

面对愈演愈烈的“地方保护”及盐业市场潜在的不稳定因素，国家发改委、工信部印发《关于进一步落实盐业体制改革有关工作的通知》（发改办经体〔2017〕604 号），要求各地“从维护党中央决策权威的高度切实担负改革总责”，“不折不扣落实《方案》部署的各项任务”。但其中有关渠道建设、配送方式和开票等问题的规定中，仍存在一些操作及概念认识和界定方面的问题。例如，取消批发区域限制后的监管手段和监管依据缺失，两部委文件中要求的信息报送未包括跨区域经营企业的实际经营场所、月度或年度的销售量，未要求跨区域企业在经营地建立食盐储备等，无法对跨区域经营企业实施有效的监管。

国家层面对跨区经营出台了跨区经营的四种形式的相关管理规定，存在模糊、执行性不强的操作困难，加上各盐业企业对跨区经营的理解和执行不到位，出现了违规经营和合规经营相互交织的现象。一些生产企业缺乏销售网络，为快速进入全国食盐市场，采取了寻找不具备食盐定点批发企业资格的社会第三方企业作为代理商转批等手段，而且这种违规现象比较严重，成为《方案》实施以来跨区经营中矛盾集中体现的区域，如《食盐专营办法》中未对食盐定点生产企业把食盐卖给没有资质的批发商该如何处罚做出规定，执法部门只能处罚无证批发商，但是无法处罚这些生产企业。在“通过现有渠道开展食盐销售业务”方面，根据改革要求，食盐生产企业可以利用“原渠道”销售食盐，即原来食盐企业在其他省份销售食盐的渠道，就是食盐生产企业把食盐卖给省级盐业经销公司，经销公司再销售给转（代）批发企业、超市、食品生产企业、机关学校等。这里的转（代）批发企业是属于“原渠道”的组成部分，关于外省的食盐生产企业是否可以直接把食盐销售给转（代）批发企业的问题，有的省级盐业公司解释说“原渠道”必须和过去一样，先卖给省级盐业公司，再由本省的盐业企业卖给转（代）批发企业，不允许外省的生产企业不经过省级盐业公司而直接卖给这些二级批发企业，否则将受到处罚。

《食盐定点生产企业和食盐定点批发企业规范条件》（工信部 2018 年第 19 号公告）实际上是设定行政许可的条件，条件的设置应当有明确的法律依据。但是，食盐定点生产企业和定点批发企业认为目前的规范条件在合法性和合理性上均存在一定问题。部分条款的设置不能很好地保证国家盐业体制改革目标的实现，一些条款设置比较模糊宽松，不利于淘汰劣质企业。一些无定点生产许可的原盐生产单位，采用贴牌、挂靠等违规手段，用其生产成本低的优势，以低廉价格冲击市场。

第二，省级层面的配套政策。大部分省（区、市）的盐业体制改革实施方案与国家《盐业体制改革方案》一脉相承，对一些重大改革问题进行了明确，但落地细则略显单薄，有待进一步细化和完善，如食盐储备问题。在各省（区、市）实施方案中，关于企业社会责任储备的要求和表述与国家方案大同小异，政府储备如何落实则有所不同。北京、河北、辽宁、安徽、湖南、青海 6 个省市未提及政府食盐储备方式，其余 25 个省、区、市政府食盐储备方式可分为政府直接提供、政府指定企业提供和政府购买、市场提供三大类别。广西壮族自治区尚未确定由政府还是企业进行储备，江西省明确了“企业承储、动态储备、费用包干、统一调度”的原则，由企业完成储备任务，但未指明具体方式。从各省（区、市）改革实施方案看，多数省份未明确盐政执法人员的分流安置问题。

还有部分省市并未根据国家盐业体制改革方案精神，对本地的地方性盐业管理条例做出相应的修改调整，从而使得部分省市盐业市场监管选择性执法有了空间，在开展食盐市场监管时对外地食盐进入本区域市场设置障碍。

2. 盐业市场形式上基本实现政企分开，但是效果尚未充分显现

盐业市场形式上基本实现了政企分离，但一些地区市县级盐业改革“政企分离”滞后问题还比较严重。而且从整体看，政企分离的效果尚未充分显现。根据国家发改委、工信部印发的《关于进一步落实盐业体制改革有关工作的通知》（发改办经体〔2017〕604 号），省、市、县三级盐业主管机构或食盐质量安全管理与监督机构与盐业公司未分离的，2017 年 6 月 30 日前要编制完成盐业监管体制改革方案，2017 年底前要实现政企（事企）分离。

调查显示，截至 2017 年底，多数省级盐业公司完成了省级层面政企分开和职能交接工作，如甘肃省成立了省盐务管理局，负责全省盐业行业行

政管理、食盐质量安全监管与市场监督执法、食盐专营行政管理，为省工信委所属事业单位，编制 33 人。2017 年 12 月 26 日，甘肃省盐务管理局挂牌，目前人员招录各项工作基本完成。浙江省自 2017 年 1 月 1 日起，省经信委作为省盐业主管机构履行相关职能。总体上，省级食盐行业从组织结构方面基本完成了政企分离的设置，但各省下属的市县（区）级政企分离工作进展不一。

有的省份该项工作已基本完成。如浙江省，在 2017 年底完成省级层面政企分开和职能交接工作的基础上，2018 年上半年按照国家和省政府对盐业体制改革工作的部署，着力推进市县两级的政企分开工作，目前全省 11 个市和 89 个县（市、区）已基本完成政企分开和职能交接工作。从各地出台的方案来看，经信部门基本承担了盐业主管部门的行业管理和食盐专营监督执法职能，市场监管部门承担了食盐质量安全管理与监督执法职能。

有的省份市县级政企分离工作正在进行中。如甘肃省，截至 2018 年 9 月底，仅天水市完成政企分开和职能移交，武威、嘉峪关、甘南 3 个市州设立了监管机构，明确了编制并将监管职能划转给食品药品监管部门，目前正在组织人员招录。从县区来看，只有环县和秦州区 2 个县区完成政企分开和职能移交；有 18 个县区明确机构编制，正在组织人员招录工作；5 个县区发文将监管职责划转至食品药品监管部门。在课题组 2019 年 7 月到河北省县级盐业公司的调研中，了解到多数县级盐业公司还没有完成政企分开工作。

盐业市场形式上政企分开基本实现，但是效果尚未充分显现，主要表现就是食盐销售地方保护主义仍然存在。调查显示，全国各地除了正常的盐政执法外，部分地区仍存在食盐销售的地方保护行为。例如，对新销售渠道执法方面更加严格，以执法者的身份对零售商的采购行为进行建议，出台带有暗示性的指导建议等。原因在于，部分省市形式上基本实现了政企分离，但市县级盐业改革“政企分离”滞后问题比较严重。一些地区虽然撤销了盐务局，但依旧由原班人马管理盐业，从而导致一些地方盐业公司仍然拥有“实际”的行政执法权，为了维护当地企业自身利益，导致地方保护问题突出。2019 年 1 月 17 日，山东卫视调查栏目针对盐业改革播出了“外地食盐为何进不了菏泽?”这个专题，对在菏泽几乎看不到外地的食盐，盐务局见了外地盐就查就扣进行了调查报道，认为盐业改革的本意是释放市场活力，让老百姓吃上质优价廉的放心盐，让企业通过自主经营、产销一体的模式发展壮大。但如果不砍掉地方保护主义，盐业改革就难以进行，优化营商环境也就无从谈起。

此外，各地在政企分离过程中的主要困难在于人员安排问题。政企分开就是要求行政干行政的事、企业干企业的事，但原来大部分省份的盐业监管职能都由盐业公司来承担，这批人没有行政编制，当把盐业监管职能划给食药监局之后，人员编制成了问题。目前，各省份努力通过组织整体考试转制、直接划转行政编制、转岗、提前退休等手段解决上述问题。

3. 食盐质量问题较改革前更应引起关注

从食盐生产企业看，允许生产企业进入销售和流通市场后，个别生产企业盲目追求经济效益，在食盐生产过程中有意或无意地忽略了产品的质量。有的生产企业为降低成本，甚至降低了食盐质量标准。食盐市场鱼龙混杂、产品质量参差不齐的问题也浮出水面。

在多品种盐开发方面，各盐企为抢占市场份额，将开发多品种盐作为增加企业利润的一个重要手段，但也存在两方面的问题：一是如果食盐生产企业违反国家有关规定随意添加营养物质，容易引发质量安全问题；二是由于部分多品种盐有不同的适宜人群和不宜人群，如果未加标注就上市销售，将损害部分不适宜人群的健康安全，这方面的案例也已发生多起。

在食盐加碘环节，从 2012 年 3 月开始，全国各省（市、区）可以根据本区域实际情况自行确定加碘水平。在传统食盐专营体制下，这原本不是问题，但随着食盐销售区域限制的打破，碘含量标准问题成为食盐质量安全的一大隐患，可能危及科学补碘工作。

在对工业盐等非食用盐监管方面，食盐市场监管权限移交地方政府职能部门后，限于执法力量、执法装备、执法经验以及事务繁杂无暇监管等因素，部分省市的食盐市场监管存在弱化的趋势。而工业盐和食盐仍存在一定的价差，且其颜色、形态、味道、手感均难以辨别，部分不法分子以工业盐冒充食盐的案件仍呈现高发态势。

4. 新的市场监管体系正逐步建立，但仍有待健全完善

《方案》确定的盐业改革的基本原则之一是突出食盐安全，专门强调要强化食盐专业化监管，将食盐质量安全管理与监督职能移交食品药品监管部门或市场监管部门负责。建立新的市场监管体系，解决盐业公司在食盐生产销售和监管方面“运动员”和“裁判员”身份合一的问题。调查显示，《方案》正式实施两年多来，这一目标基本实现。

在传统食盐专营体制下，我国盐业监管由盐务局（盐业公司）执法大队负责。食盐质量安全和监管问题曝光少，消费者不太关注。《方案》实施后，一些食盐质量问题，如“臭脚盐”、食盐加碘不合规、无碘盐违规进入商超和零售店销售、假冒食盐名牌进行销售等问题纷纷被媒体曝光。这一现象出现，一方面可能在于盐业改革后政企分开，把原来隐藏的问题充分暴露出来；另一方面也暴露了监管工作松懈、监管质量下降的问题。本次盐业体制改革一个重要的主题是政企分开，尽管国家要求2017年底前省、市、县三级盐业主管机构或食盐质量安全管理与监督机构和盐业公司要实现政企分离，但由于相关的人员编制、经费保障尚未到位，食药监或市场监管部门接收动力不足，导致原负责食盐市场监管的人员人心不稳，工作懈怠。同时，地方盐业主管部门缺乏必要的市场监管经验，缺乏人力、经费、装备和其他保障，降低了食盐市场监管和安全保障能力。

5. 碘缺乏病的防治问题

我国曾经是碘缺乏病流行较为严重的国家之一，1995年起我国实施了以食盐加碘为主的综合防治措施（目前，世界上采用食盐加碘防治碘缺乏病的有128个国家）。由于我国幅员辽阔，对各地区食盐加碘要求有所不同。在传统的食盐专营体制下，食盐加碘问题的控制比较容易。到2000年，我国碘盐覆盖率达到98.0%，合格碘盐使用率为95.3%，达到了碘盐覆盖率大于95%、合格碘盐使用率大于90%的国家标准。国家基本消除了碘缺乏病的问题。

最新调查显示，上海地区目前的碘盐覆盖率下降到70%左右，北京地区碘盐覆盖率降为70%~80%，河北地区碘盐覆盖率下降为82%左右。碘缺乏病问题需要引起政府的高度重视，尤其是偏远贫困地区的碘缺乏病防治问题尤其需要引起足够的重视。

山西省的检测结果显示，2016年、2017年、2018年全省合格碘盐食用率不达标准的县分别为33个、46个、29个，不合格碘盐流入市场，许多群众盲目、片面地选择无碘盐，致使碘缺乏病出现了死灰复燃的现象。在市级层面，太原市、大同市、阳泉市、吕梁市4个市的合格碘盐食用率均未达到90%的标准，分别为89.49%、85.40%、86.06%、86.84%。在县级层面，全省119个县中合格碘盐食用率在90%以上的县有90个，合格碘盐食用率在85%~89.99%的县有8个，合格碘盐食用率在80%~84.99%的县有9个，合格碘盐食用率<80%的县有12个。与此同时，高碘地区食盐供应存在较大的风险。根据山西省卫生健康委官网公布的关于山西省水源性高碘地区范围的最新公告，2019年山西共有298个行政村为水源性高碘地区，山西省盐业集团公司在上述区域共设立无碘盐供应点49个。但在山西省开展跨区经营的盐企，没有一家企业在政府核定的高碘地区设立无碘盐供应点，并且存在低价倾销加碘盐问题，形成了无碘盐供应终端安全的隐患。

由以上可以看出，碘盐覆盖率下降的原因主要两个：一是盐业体制改革后食盐市场销售主体多样化，负责食盐加碘工作的主体责任分散化，效率降低；二是消费者对食盐加碘存在认知误区。由于消费者对食盐加碘问题缺乏正确的认识，再加上一些错误的报道，因此消费者对食盐加碘问题存在认知误区。在课题组对消费者的问卷调研中，有28.76%的消费者认为"中国人目前已经不需要吃碘盐了"，33.48%的消费者认为"甲亢是因为碘盐食用过量导致的"，60.52%的消费者认为"碘盐与甲状腺疾病（甲状腺结节、甲状腺癌等）有直接关系"，36.91%的消费者认为"吃海产品可以代替碘盐补碘"（见表9-8）。

表 9-8　消费者对碘盐的认知情况

选项	样本数	比例/%
中国人目前已经不需要吃碘盐了	67	28.76
甲亢是因为碘盐食用过量导致的	78	33.48
碘盐与甲状腺疾病（甲状腺结节、甲状腺癌等）有直接关系	141	60.52
吃海产品可以代替碘盐补碘	86	36.91
样本总数	233	

6. 食盐储备问题

目前大部分省份根据国家要求，制定了省级食盐储备管理办法，相关经费和各食盐专营企业的社会责任储备也全部落实到位。

但调查显示，随着政企分离，食盐企业被推向了市场，直接导致企业在承担食盐储备这一社会责任时，开始更多地考虑经济利益，后续可能产生储备动力不足，主动承担食盐储备社会责任的意愿下降的问题。

7. 食盐行业产能过剩，产业布局问题

我国盐业资源丰富，目前已经探明的井矿盐储量为 9924.4 亿吨。盐行业供过于求、产能过剩问题比较突出。2017 年我国原盐产能约为 11390 万吨，其中海盐 3900 万吨，井矿盐 6285 万吨，湖盐 1205 万吨。2017 年原盐产量约为 8912 万吨，产能过剩达到 20%。2017 年，原盐消费量约为 9743 万吨，其中两碱用盐占比为 85.8%，食用盐占比为 11.3%，小工业盐占比为 2%，出口盐占比为 0.9%。

产业布局方面，整个产业集中度低，市场竞争主体众多。数据显示，2017 年，全国注册的制盐企业 288 家，另外未注册的个体盐产品生产商 1500 多家，全国工商注册的批发企业 2600 多家。这些企业普遍存在经营绩效差、竞争实力不强的问题。目前我国制盐行业总体处于“多、小、散、弱”的粗放型经营阶段。

《方案》实施后，各企业为快速抢占市场，实现短期收益，普遍将价格战作为主要竞争手段。这不仅扰乱了食盐市场正常的秩序，也影响了行业整体健康发展，行业整体利润下降严重，无论是食盐批发企业还是食盐生产企业均未能获得盐业体制改革预期红利。生产企业因在盲目夸张过程中销售费用剧增，利润的增长远远落后于销量的增长，降低了整体盈利能力。大部分食盐批发企业销售和利润大幅下降。

第十章　进一步推进盐业体制改革的具体建议

一、加快处理好政企分开遗留问题

从目前实际情况看，食盐市场监管应进一步加强，行政管理职能的移交和部门的转变不应导致相应的管理职能弱化或缺失。应继续深化盐业行政管理职能改革，对编制调整、盐业执法经费（原来由盐业公司支付）来源、人员安置等问题应引起足够重视，尽快建立和完善新的专业化盐业监管体制。在改革不断推进过程中，要正确引导社会舆论，广泛动员社会力量参与食盐安全监督，确保食盐安全和市场稳定。

政企分开是食盐批发企业作为一个经济主体独立运营的前提。应加快处理盐业政企分开的遗留问题，对已经实现政企分开而原有盐业行政执法人员未妥善安置的，应鼓励各省（区、市）采取多种措施、多种渠道妥善安置。对各县市（区）政企分开不彻底或尚未分开的，应加强调查研究摸清实际情况，积极稳妥地处理好实际存在的问题和困难。

二、加强盐业体制改革配套措施落实

按照盐业体制改革的总体要求，由国家主管部门牵头，逐级落实责任，确保盐业体制改革工作顺利实施。要强化《方案》中提出的“各省级人民政府对本行政区域内盐业体制改革负总责”的要求，鼓励各地完善改革的地方配套措施，加强新形势下食盐市场监管，维护食盐市场秩序稳定。

国家盐业主管部门对市场化调味品的销售渠道做进一步的调研，对新的《食盐专营办法》中有些模糊的概念和规定进行修订完善，出台可操作、可落地的补充实施细则。盐业企业要不断深化内部改革，切实转变长期存在的经营机制不活、效率不高、吃大锅饭的问题，积极应对盐业体制改革下新的市场竞争格局，尽早适应改革的要求。

三、政府负责边远贫困地区的碘盐供应工作

目前难度较大的是边远地区的碘盐供应问题。可以考虑将边远贫困地区的碘盐供应工作由企业行为转变为政府行为。如四川省甘孜州、阿坝州、凉山州等少数民族地区地广人稀，交通不便，食盐运销成本高，为保证边远贫困地区和少数民族地区人口能够吃得上、吃得起合格碘盐，经济和信息化厅配合财政厅研究制定了民族地区食盐运销费用补贴方案，确定并落实了甘孜、阿坝、凉山三州每年补贴食盐运销费用 1200 万元（每个州 400 万元）。国家相关统计数据显示，2017 年末我国有贫困人口 3046 万人，大多数分布在老、少、边、穷地区。按照每人每天 6~10 克盐的使用标准计算，每人每年的盐消费量不超过 4 千克，食盐的人均消费金额在 15 元左右。如果按照出厂价计算，这笔费用更低。

将边远贫困地区的碘盐供应工作由企业行为转变为政府行为，政府每年在该部分的财政支出不到 5 亿元。在具体执行方面，可由卫计委、中国疾病预防控制中心和各地区食盐定点企业协同完成碘盐的发放工作。对于其他地区，也需要卫生部门对不同地区的碘缺乏状况有针对性地进行宣传，让广大消费者由过去的“给啥吃啥”变为“缺啥补啥”，消费者可以根据自己的需求选择不同碘含量的碘盐；对于需要无碘盐的消费者，建议由当地盐业公司作为当地无碘食盐的唯一供应商，以防止无碘盐销售泛滥。

同时，建议明确禁止未加碘食盐跨省（区）销售。国家盐业体制改革方案中明确提出“确保合格碘盐覆盖率在 90%以上”的要求，但是盐业体制改革实施后，放开了食盐生产批发区域限制，区域外批发主体经营的食盐品种包含未加碘食用盐，致使对未加碘食盐的销售监管难度增加。因此，为确保合格碘盐覆盖率持续达到 90%以上，建议工信部重申 585 号文的要求：省级食盐定点批发企业在碘缺乏地区开展跨区经营，必须销售符

合当地碘含量标准的加碘食用盐，禁止销售未加碘食用盐。同时建议卫健委加快修订《食盐加碘消除碘缺乏危害管理条例》，明确相关工作职责和标准。

四、允许委托代理商来进行经营

2017 年 12 月 26 日，新修订的《食盐专营办法》第三章第十六条规定："食盐零售单位应当从食盐定点批发企业购进食盐。"根据管理部门解释的"实行一票制"，食盐定点生产企业、批发企业无法真正做到。

食盐消费是有人的地方就必须要消费。食盐作为一种调味品，有自身的流通渠道，而且渠道链条会很长。1995 年国家颁布《食盐专营办法》之后，食盐除了定点供应的商超、工厂直接供应以外，大部分是通过批发市场，由调味品经销商，经过二级、三级经销商，边远地区甚至要四级批发才能达到零售终端。零售店面广量大，盐业公司直接开票至零售终端，既不符合行业经济，大幅增加企业运营成本，也根本无法做到。上海是全国商品流通最发达的地区，其中 80%的食盐都是通过批发市场二级、三级经销商批发到零售终端。在全国边远穷困、物流不发达地区，想要盐业公司直达零售终端更是无法实现。

建议允许食盐定点批发企业在不能直达零售终端的地区，可以通过委托代理商来经营。

五、将食盐纳入一般食品经营中，取消专营管理

古代食盐专营是为了征税，但刘晏在两淮创行"榷盐法"时，把"官运官销"改为"商运商销"，把盐税加入盐价中，就场销售给商贩，也就是说只"专产"而不"专营"。新中国成立后继续专营的目的是加碘，也就是说只要人们能够吃上符合自身需要的碘盐就达到了目的，而达到这一目的的途径很多，主要看采用哪种方式更加科学合理。新修订的《食盐专营办法》规定，国家实行食盐定点生产制度，非食盐定点生产企业不得生产食盐。实际上，食盐属于食品类商品，食盐加碘就如同其他食品中所应含的营养成分一样，是该商品的一项重要的质量标准，没有按质按量加碘

属于不合格产品。

如果能够“建立公平竞争、监管到位的市场环境”，如建设好电子追溯体系，淘汰不符合《食品安全法》及规范条件的食盐生产企业，将食盐生产经营企业负责人和企业的信用记录纳入国家统一的社会和行业信用体系，就可以保证食盐产品的质量，不论谁经营食盐，购销的都是合格食盐产品，人们都可以买到合格的食盐，专营也就失去了意义。

六、发挥行业自律作用，引导行业健康稳定发展

在盐业体制改革的大背景下，盐业协会的作用和地位不仅不会削弱，反而更加关键和重要，更加大有可为。中国盐业协会要多角度反映行业心声和利益诉求，协调政府关系，引导和监督盐企形成行业自律，负责协调会员单位之间的相互关系；经常开展食盐知识宣传，盐的生产、使用等方面的调查与研究，为会员提供信息服务。

在盐业信息服务方面，盐业体制改革后出现的一个较大的问题就是盐行业相关数据的缺失。目前可以见到的较权威资料一是《中国盐业发展报告》编写组编写的《中国盐业发展报告 2015》（经济管理出版社 2016 年出版），二是中国盐业协会编写的《中国盐业年鉴 2016》。也就是说，盐行业相关数据截至 2016 年，2017 年至今没有权威性的数据资料。中国统计年鉴只在“工业产品产量”中有一条关于“原盐”的数据，不知是否由于统计口径等原因，数据与行业实际情况相差较大，如《中国统计年鉴 2018》中 2016 年、2017 年我国原盐产量分别为 6620. 10 万吨和 6654. 17 万吨。①因此，需要有权威机构发布行业权威数据，中国盐业协会应该义不容辞地担负起这个责任。

① 国家统计局．中国统计年鉴 2018 [M]. 北京：中国统计出版社，2018：454.

附 录

一、盐业体制改革方案

（国发〔2016〕25号）

为落实党中央、国务院决策部署，推进盐业体制改革，实现盐业资源有效配置，进一步释放市场活力，促进行业健康可持续发展，现制定以下方案。

一、总体要求

（一）指导思想。全面贯彻党的十八大、十八届三中、四中、五中全会和中央经济工作会议精神，认真落实“创新、协调、绿色、开放、共享”发展理念，以确保食盐质量安全和供应安全为核心，在坚持食盐专营制度的基础上推进供给侧结构性改革，坚持依法治盐，创新管理方式，健全食盐储备，严格市场监管，建立公平竞争、监管到位的市场环境，培育一批具有核心竞争力的企业，逐步形成符合我国国情的盐业管理体制。

（二）基本原则。

突出食盐安全。完善食盐监管机制，加强企业规范条件和信用体系建设，健全社会食盐储备体系，拓宽碘盐供应渠道，保障食盐质量，实现科学补碘。

释放市场活力。取消食盐产销区域限制，改革食盐定价机制和工业盐管理，鼓励企业自主经营、产销一体，通过兼并重组等方式不断做优做强，为行业健康发展提供动力。

注重统筹兼顾。把确保用盐安全和激发市场活力有机结合，统筹协调各项改革措施，建立沟通协调机制，加强工作指导和效果评估，确保改革稳妥推进。

坚持依法治盐。完善法律法规和政策措施，加快建设标准体系，建立健全监管制度，明确各方管理职责，创新管理方式，实施依法治理。

二、强化食盐专业化监管，完善食盐专营制度

（三）完善食盐定点生产制度。不再核准新增食盐定点生产企业，确保企业数量只减不增。鼓励食盐生产与批发企业产销一体。鼓励社会资本进入食盐生产领域，与现有定点生产企业进行合作。

（四）完善食盐批发环节专营制度。坚持批发专营制度，以现有食盐定点生产企业和食盐批发企业为基数，不再核准新增食盐批发企业，鼓励食盐批发企业与定点生产企业兼并重组，其他各类商品流通企业不得从事食盐批发。鼓励国有食盐批发企业在保持国有控股的基础上，通过投资入股、联合投资、企业重组等方式引入社会资本，开展战略合作和资源整合。

（五）完善食盐专业化监管体制。保持现有专业化食盐监管体制不变，由盐业主管机构依法负责食盐管理与监督。工业和信息化部是国务院盐业主管机构，主管全国盐业工作，负责制定盐业发展规划和产业政策，管理全国食盐专营工作，保证盐行业发展稳定。县级以上地方各级人民政府授权的盐业主管机构，负责管理本行政区域内的食盐专营工作。各级盐业主管机构与公安、司法、卫生计生、工商、质检、食品药品监管等部门各司其职、密切协作，依法加强食盐安全监管。结合行政执法体制改革，探索推进食盐安全监管体制改革，研究剥离食盐批发企业承担的行政管理职能，创造条件将食盐质量安全管理与监督职能移交食品药品监管部门或市场监管部门负责。加快建设食盐电子追溯体系，实现食盐来源可追溯、流向可查询、风险可防范、责任可追究。

三、推进盐业管理综合改革，完善食盐储备制度

（六）改革食盐生产批发区域限制。取消食盐定点生产企业只能销售给指定批发企业的规定，允许生产企业进入流通和销售领域，自主确定生产销售数量并建立销售渠道，以自有品牌开展跨区域经营，实现产销一体，或者委托有食盐批发资质的企业代理销售。取消食盐批发企业只能在

指定范围销售的规定，允许向食盐定点生产企业购盐并开展跨区域经营，省级食盐批发企业可开展跨省经营，省级以下食盐批发企业可在本省（区、市）范围内开展经营。鼓励盐业企业依托现有营销网络，大力发展电子商务、连锁经营、物流配送等现代流通方式，开展综合性商品流通业务。

（七）改革食盐政府定价机制。放开食盐出厂、批发和零售价格，由企业根据生产经营成本、食盐品质、市场供求状况等因素自主确定。各级价格管理部门要加强对食盐零售价格的市场监测，配合盐业主管机构采取措施，保持价格基本稳定，特殊情况下可依法采取价格干预或其他紧急措施，防止普通食盐价格异常波动。

（八）改革工业盐运销管理。取消各地自行设立的两碱工业盐备案制和准运证制度，取消对小工业盐及盐产品进入市场的各类限制，放开小工业盐及盐产品市场和价格。各省级人民政府要切实执行放开工业盐运销管制的要求，并研究制定落实细则和责任追究等有关管理办法，工业和信息化部要加强督促检查。工业盐生产企业应当建立、保存完整的生产和销售记录，严格防止工业盐流入食盐市场。质检部门要督促生产企业提高产品质量，加强工业盐产品质量监管，依法查处不合格产品，工商部门要依法查处虚假广告和侵权假冒行为。

（九）改革食盐储备体系。建立由政府储备和企业社会责任储备组成的全社会食盐储备体系，确保自然灾害和突发事件发生时食盐和原碘的安全供应。各省（区、市）根据本地食盐供需情况建立政府食盐储备，储备量不得低于本省（区、市）1个月的食盐消费量，可以依托现有食盐批发企业仓储能力，也可以选择具备条件的食盐生产企业实施动态储备，本级财政预算应安排资金对食盐储备给予贷款贴息、管理费支出等支持。加大对储备补贴资金的审计力度，接受社会监督。完善企业食盐储备制度，限定食盐生产、批发企业的最低库存和最高库存，防止食盐市场供应短缺和企业囤积居奇，其中最低库存不得低于本企业正常情况下1个月的平均销售量，库存具体标准由行业协会研究提出、工业和信息化部核定，各级盐业主管机构要加强对库存情况的监督检查。鼓励企业在供求关系稳定或产能大于需求时，在最低库存基础上建立成本自担的社会责任储备。原碘供应按照现行方式管理，中央财政对原碘采购及碘添加剂生产、供应给予适当支持。

四、加强食盐管理制度建设，保障食盐供应安全

（十）严格规范食盐生产批发企业资质。工业和信息化部牵头，食品药品监管总局等有关部门积极参与，依照有关法律法规，综合考虑技术水平、卫生保障条件等因素，制定食盐生产、批发企业的规范条件。省级盐业主管机构要依照新的规范条件对现有食盐生产、批发企业资质重新进行严格审核后报工业和信息化部备案，并在指定网站公示，接受社会监督。

（十一）加快信用体系建设。各级盐业主管机构要会同有关部门、行业协会建立食盐生产、批发企业及其负责人和高管人员信用记录，纳入国家统一的社会信用体系。依托全国信用信息共享平台、国家企业信用信息公示系统和地方政府指定网站建立健全信息公示制度，对拟进入食盐生产、批发领域的社会资本要在准入前公示有关信息，并每年定期公示所有企业及其负责人的有关信息。对有违法失信行为的企业和个人，有关部门要加大监管力度，依法实施联合惩戒，对行为后果严重且影响食盐安全的，要依法采取行业禁入等措施。各级盐业协会要发挥好协调沟通和行业自律的作用。

（十二）加强科学补碘工作。充分发挥食盐生产、批发企业的保障供应作用，有效拓宽碘盐供应渠道，确保合格碘盐覆盖率在90%以上，同时满足特定人群非碘盐消费需求。积极做好科学补碘宣传教育，提高孕妇、儿童和碘缺乏地区群众的科学补碘意识。国家卫生计生委负责制定食盐加碘标准，组织开展碘缺乏病监测，公布区域人群碘营养状况；省级卫生计生部门负责划定边远贫困碘缺乏地区，做好动态监控，适时调整帮扶地区范围。各地可根据实际情况，灵活选择政府补贴运销费用或直接补贴贫困人口等方式，保证边远贫困地区和经济欠发达的边疆民族地区人口能够吃得上、吃得起合格碘盐，并建立与社会救助标准、物价挂钩的联动机制，及时调整保障标准。

（十三）加强应急机制建设。工业和信息化部负责全国食盐供应紧急突发事件的协调处置工作，各级盐业主管机构要会同有关部门研究制定食盐供应应急预案，并向同级政府应急管理部门备案。紧急突发情况下，由盐业主管机构按照应急预案规定，采取投放政府储备、调运企业社会责任储备等方式，确保食盐市场稳定。

（十四）推动盐业企业做优做强。按照党中央、国务院深化国有企业改革有关要求，加快国有盐业企业公司制、股份制改革，建立规范的公司法人治理结构，积极发展混合所有制，转换经营机制，盘活企业资产，增强生机和活力。鼓励食盐生产、批发企业兼并重组，允许各类财务投资主体以多种形式参与，向优势企业增加资本投入，支持企业通过资本市场或公开上市等方式融资，形成一批具有核心竞争力的企业集团，引领行业发展。将解决中央盐业企业历史遗留问题纳入中央国有资本经营预算支出范围统筹考虑，各级政府要落实国有盐业企业兼并重组整合涉及的资产评估增值、土地变更登记和国有资产无偿划转等方面税收优惠政策。

五、强化组织领导，落实改革任务

（十五）完善盐业法律法规体系。国务院有关部门、地方政府要依照有关法律法规和本方案精神，抓紧对现行盐业管理法规政策进行清理，按程序提出立改废建议，推动健全法律法规体系，促进盐业健康发展。

（十六）设置过渡期分步实施改革。自本方案印发之日起至2016年12月31日，有关部门要抓紧研究制定食盐生产及批发企业规范条件、食盐储备、市场监管和价格监测、干预等政策措施，修改完善相关制度。从2017年1月1日开始，放开所有盐产品价格，取消食盐准运证，允许现有食盐定点生产企业进入流通销售领域，食盐批发企业可开展跨区域经营。现有食盐定点生产企业许可证和食盐批发企业许可证不再重新核发，有效期延至2018年12月31日。从2018年1月1日开始，现有食盐定点生产企业和批发企业可依照新的规定申请许可，根据许可范围从事相应的经营活动。

（十七）切实落实工作责任。各省级人民政府对本行政区域内盐业体制改革负总责，要加强组织领导，明确各有关部门的监管责任，按照本方案确定的改革方向和主要原则，结合实际制定具体工作方案，安排好政府食盐储备、边远贫困地区及经济欠发达的边疆民族地区碘盐供应财政补贴等工作，全面落实改革各项任务。国务院各有关部门要按照方案要求，抓紧制定配套政策措施，建立协作联动机制，形成监管合力。国家发展改革委、工业和信息化部要加强工作指导和统筹协调，并做好督促检查和效果评估，对改革中出现的新问题及时研究提出解决办法，确保食盐安全和市场稳定，重大问题及时向国务院报告。

二、盐业管理条例

（1990 年 3 月 2 日国务院令第 51 号发布）

第一章　总　则

第一条　为加强盐资源的保护和开发，加强盐业管理，促进盐业生产发展，保证盐的正常运销，适应社会主义建设和人民生活的需要，制定本条例。

第二条　在中华人民共和国境内从事盐资源开发、盐业生产和运销活动，均须遵守本条例。

第三条　盐资源属于国家所有，国家对盐资源实行保护，并有计划地开发利用。国家鼓励发展盐业生产，对盐的生产经营实行计划管理。具体管理办法，按照国家有关规定执行。

第四条　轻工业部是国务院盐业行政主管部门，主管全国盐业工作。

省及省级以下人民政府盐业行政主管部门，由省、自治区、直辖市人民政府确定，主管本行政区域内的盐业工作。

第五条　国家鼓励盐业的科学研究和先进技术的推广；对于在盐业科学技术研究和运用方面作出显著成绩的单位和个人，应当给予表彰和奖励。

第二章　资源开发

第六条　开发盐资源（包括利用海水制盐、开发岩盐、湖盐和天然卤水制盐），必须遵守国家有关矿产资源开发、土地管理、环境保护、固定资产投资及其他有关的法律、法规。

第七条　国家对开发盐资源实行统筹规划，合理布局，有计划地开发。

国家鼓励开发盐资源，发展盐业生产，鼓励化工企业和其他有关全民所有制企业、集体所有制企业自筹资金投资办盐场或者与现有制盐企业联合经营，地方人民政府予以扶持。

第八条　开发盐资源，开办制盐企业（含非制盐企业开发盐资源，下同），必须经省级盐业行政主管部门审查同意，报省、自治区、直辖市人民政府批准，并按规定向企业所在地工商行政管理机关申请，领取营业执照。

开采矿盐，必须按照《中华人民共和国矿产资源法》的有关规定，领取采矿许可证。矿盐的具体范围，由地质矿产部会同轻工业部确定。

制盐企业的固定资产投资项目，应当按照国家关于固定资产投资的有关规定办理。

私营企业和个人不得开发盐资源。

第九条　盐业企业与其他单位和个人之间在资源使用权和土地所有权、使用权上的争议，由当事人协商解决；协商不成的，应当分别按照《中华人民共和国矿产资源法》《中华人民共和国土地管理法》的规定，由有关人民政府处理。

第三章　盐场（厂、矿）保护

第十条　为了保证国家对盐资源的开发利用，维护制盐企业的正常生产，划定合理的海盐场保护区和湖盐场（厂）保护区。

海盐场防护堤临海面的一定区域和纳潮排淡沟道两侧的一定区域划为海盐场保护区。保护区具体界限的划定，由海盐场所在地省级盐业行政主管部门提出方案，报省级人民政府批准。

湖盐场（厂）开发的盐湖边缘向外一定区域划为湖盐场（厂）保护区。保护区具体界限的划定，由湖盐场（厂）所在地省级盐业行政主管部门会同省级地质矿产行政主管部门提出方案，报省级人民政府批准。

第十一条　任何单位和个人不得在海盐场保护区内兴建小虾池、小盐田以及非法进行其他有损海盐场的活动。本条例发布前已有的小虾池、小盐田等的处理，由当地盐业行政主管部门和农业行政主管部门协商解决；协商不成的，由省级人民政府处理。

任何单位和个人不得破坏湖盐场（厂）保护区内的防护林带、植被和其他防护设施。本条例发布前有关保护区问题的纠纷，由当事人协商解决；协商不成的，由省级人民政府处理。

第十二条　制盐企业的下列财产和设施受国家法律保护，任何单位和个人不得破坏、侵占、盗窃、哄抢：

（一）制盐企业依法使用的土地、滩涂和盐矿资源；

（二）海盐场防护堤和纳潮排淡沟道；

（三）制盐企业的生产工具、设备和产品；

（四）制盐企业已开采的盐矿石（包括共生、伴生矿石）和卤水，已纳入盐田的海水、各级卤水，盐田中的卤虫、鱼虾、微藻等盐田生物。

第十三条　制盐企业所在地的公安机关应当加强盐区治安保卫工作，以维护盐区正常的生产秩序。

盐区治安管理的具体问题，由县级以上（含县级、下同）盐业行政主管部门与同级公安机关共同协商解决。

第四章　生产管理

第十四条　制盐企业必须按照国家计划组织生产，加强企业管理，提高技术水平，降低消耗，增加效益。

第十五条　制盐企业必须严格按照国家有关规定，加强质量监督检测工作，不符合质量和卫生标准的产品不准出企业。

第十六条　在食盐中添加任何营养强化剂或药物，须经省级卫生行政主管部门和同级盐业行政主管部门批准。

第十七条　禁止利用盐土、硝土和工业废渣、废液加工制盐。但以盐为原料的碱厂综合利用资源加工制盐不在此限。

第十八条　国家鼓励制盐企业综合利用盐资源，发展盐化工和水产养殖等多品种生产。

第五章　运销管理

第十九条　食用盐、国家储备盐和国家指令性计划的纯碱、烧碱用盐，由国家实行统一分配调拨。

其他用盐，制盐企业在完成国家分配调拨计划和按规定确保合理库存的基础上，可在盐业行政主管部门的指导下进行自销。

盐的具体分配和调拨，由轻工业部按照国家计划进行管理。

第二十条 盐的批发业务，由各级盐业公司统一经营。未设盐业公司的地方，由县级以上人民政府授权的单位统一组织经营。

第二十一条 食盐的零售业务，由商业行政主管部门指定的商业企业、粮食企业和供销合作社零售单位负责。需要委托个体工商户、代购代销店代销食盐的，由县级商业（含粮食、供销）行政主管部门批准。

各零售单位必须把食盐列为必备商品，保持合理库存，不得脱销。

第二十二条 禁止在食用盐市场上销售下列盐制品：

（一）不符合食用盐卫生标准的原盐和加工盐；

（二）土盐、硝盐；

（三）工业废渣、废液制盐。

经化工部批准的以盐为原料的少数碱厂综合利用资源加工制盐，符合国家规定的食用盐卫生标准的，可以作为食用盐销售，但必须纳入盐业行政主管部门的产销计划，并依法缴纳盐税。

第二十三条 对碘缺乏病地区必须供应加碘食用盐。未经加碘的食用盐，不得进入碘缺乏病地区食用盐市场。

第二十四条 运输部门应当将盐列为重要运输物资，对食用盐和指令性计划的纯碱、烧碱用盐的运输应当重点保证。

第二十五条 海盐产区应当按照国家规定建立以丰补歉的平衡盐储备制度，盐的销区应当按照国家规定建立食用盐国家储备制度。

第六章 法律责任

第二十六条 违反本条例第八条规定，擅自开发盐资源、开办制盐企业的，由地方人民政府或地方有关行政主管部门按照国家有关规定处理。

第二十七条 非法侵占制盐企业依法使用的土地、滩涂，擅自进入国家划定的盐业企业的矿区采矿的，按照国家有关土地管理、矿产资源管理的法律、法规处理。

第二十八条　违反本条例第十一条、第十二条（二）、（三）、（四）项规定的，盐业行政主管部门有权制止，责令其赔偿损失，没收其非法所得，并可处以不超过非法所得额五倍的罚款。情节严重、构成犯罪的，由司法机关依法追究刑事责任。

第二十九条　违反本条例第十五条、第十六条、第十七条、第二十二条、第二十三条规定的，盐业行政主管部门、工商行政管理机关和食品卫生监督机构按照他们的职责分工，有权予以制止，责令其停止销售，没收其非法所得，并可处以不超过非法所得额五倍的罚款；情节严重的，工商行政管理机关有权吊销其营业执照。造成严重食物中毒、构成犯罪的，对直接责任人员依法追究刑事责任。

第三十条　当事人对盐业行政主管部门作出的行政处罚决定不服的，可以在接到处罚决定之日起十五日内向上一级盐业行政主管部门申请复议。上一级盐业行政主管部门应当在收到复议申请之日起两个月内作出复议决定。申请人对复议决定不服的，可以在接到复议决定之日起十五日内向人民法院起诉。期满不起诉又不履行的，由作出处罚决定的机关申请人民法院强制执行。

第七章　附　则

第三十一条　本条例由轻工业部负责解释。

第三十二条　省、自治区、直辖市人民政府可以根据本条例制定实施办法。

第三十三条　本条例自发布之日起施行。

三、食盐专营办法（1996）

（1996年5月27日国务院令第197号发布）

第一章 总 则

第一条 为了加强对食盐的管理，保障食盐加碘工作的有效实施，保护公民的身体健康，制定本办法。

第二条 国家对食盐实行专营管理。

本办法所称食盐，是指直接食用和制作食品所用的盐。

第三条 本办法适用于中华人民共和国境内的食盐生产、储运和销售活动。

第四条 国务院授权的盐业主管机构（以下简称国务院盐业主管机构）负责管理全国食盐专营工作。

县级以上地方各级人民政府授权的盐业主管机构（以下简称县级以上地方各级人民政府盐业主管机构），负责管理本行政区域内的食盐专营工作。

第二章 食盐生产

第五条 国家对食盐实行定点生产制度。非食盐定点生产企业不得生产食盐。

食盐定点生产企业由省、自治区、直辖市人民政府盐业主管机构提出，报国务院盐业主管机构审批。

第六条 国务院盐业主管机构根据食盐资源状况和国家核定的食盐产量，按照合理布局、保证质量的要求，确定食盐定点生产企业。

第七条 国家对食盐生产实行指令性计划管理。

食盐年度生产计划由国务院计划行政主管部门下达，国务院盐业主管机构组织实施。

第八条　严禁利用井矿盐卤水晒制、熬制食盐。

第三章　食盐销售

第九条　国家对食盐的分配调拨实行指令性计划管理。

食盐年度分配调拨计划，由国务院计划行政主管部门下达，国务院盐业主管机构组织实施。

第十条　国家对食盐批发实行批发许可证制度。

经营食盐批发业务，必须依法申请领取食盐批发许可证。未取得食盐批发许可证的，不得经营食盐批发业务。

第十一条　经营食盐批发业务的企业，由省、自治区、直辖市人民政府盐业主管机构审查批准，颁发食盐批发许可证，并报国务院盐业主管机构备案。

食盐批发许可证由国务院盐业主管机构统一制作。

第十二条　取得食盐批发许可证，应当具备下列条件：

（一）有与其经营规模相适应的注册资本；

（二）有固定的经营场所；

（三）有符合国家规定的仓储设施；

（四）符合本地区食盐批发企业合理布局的要求。

第十三条　食盐批发企业应当按照国家计划购进食盐，并按照规定的销售范围销售食盐。

第十四条　食盐零售单位和受委托代销食盐的个体工商户、代购代销店以及食品加工用盐的单位，应当从当地取得食盐批发许可证的企业购进食盐。

第十五条　食盐定点生产企业、食盐批发企业、食盐零售单位和受委托代销食盐的个体工商户、代购代销店，应当执行国家规定的食盐价格。

第十六条　严禁将下列产品作为食盐销售：

（一）液体盐（含天然卤水）；

（二）工业用盐、农业用盐；

（三）利用井矿盐卤水晒制、熬制的盐产品；

（四）不符合国家食盐标准或者行业标准的盐产品；

（五）其他非食用盐产品。

第四章 食盐的储存和运输

第十七条 省、自治区、直辖市人民政府盐业主管机构应当根据实际情况，确定本地区食盐定点生产企业、食盐批发企业的合理库存量，并报国务院盐业主管机构备案。

食盐定点生产企业和食盐批发企业应当按照省、自治区、直辖市人民政府盐业主管机构的要求，保持食盐的合理库存。

第十八条 托运或者自运食盐的单位和个人，应当持有国务院盐业主管机构或者其授权的省、自治区、直辖市人民政府盐业主管机构核发的食盐准运证。

食盐作为国家重点运输物资，运输企业应当保障运输。

第五章 罚 则

第十九条 违反本办法第五条的规定，非食盐定点生产企业生产食盐的，由盐业主管机构责令停止生产，没收违法生产的食盐和违法所得，可以并处违法生产的食盐价值 3 倍以下的罚款。

第二十条 违反本办法第八条的规定，利用井矿盐卤水晒制、熬制食盐的，由盐业主管机构责令停止生产，没收违法生产的盐产品、违法所得和生产工具，可以并处违法生产的盐产品价值 3 倍以下的罚款。

第二十一条 违反本办法第十条的规定，未取得食盐批发许可证经营食盐批发业务的，由盐业主管机构责令停止批发活动，没收违法经营的食盐和违法所得，可以并处违法经营的食盐价值 3 倍以下的罚款。

第二十二条 违反本办法第十四条的规定，食盐零售单位和受委托代销食盐的个体工商户、代购代销店以及食品加工用盐的单位，从未取得食盐批发许可证的企业、单位或者个人购进食盐的，由盐业主管机构责令改正，没收违法购进的食盐，可以并处违法购进的食盐价值 3 倍以下的罚款。

第二十三条 违反本办法第十六条第（一）、（二）、（三）、（五）项的规定，将非食用盐作为食盐销售的，由盐业主管机构责令停止销售，没收违法所得，可以并处违法所得 5 倍以下的罚款；构成犯罪的，依法追究刑事责任。

第二十四条　违反本办法第十六条第（四）项的规定，将不符合食盐标准的盐产品当作食盐销售的，依照《中华人民共和国产品质量法》《中华人民共和国标准化法》的有关规定处罚。

第二十五条　违反本办法第十八条的规定，无食盐准运证托运或者自运食盐的，由盐业主管机构没收违法运输的食盐，对货主处以违法运输的食盐价值 3 倍以下的罚款，对承运人处以违法所得 3 倍以下的罚款。

第二十六条　盐业主管机构的工作人员玩忽职守、徇私舞弊，构成犯罪的，依法追究刑事责任；尚不构成犯罪的，依法给予行政处分。

第六章　附　则

第二十七条　本办法施行前已经从事食盐批发业务的企业，具备本办法第十二条规定的条件的，由省、自治区、直辖市人民政府盐业主管机构审核颁发食盐批发许可证。

第二十八条　渔业、畜牧用盐适用本办法。

第二十九条　本办法自发布之日起施行。

四、食盐专营办法（2017）

（1996 年 5 月 27 日中华人民共和国国务院令第 197 号发布　根据 2013 年 12 月 7 日《国务院关于修改部分行政法规的决定》修订　2017 年 12 月 26 日中华人民共和国国务院令第 696 号修订）

第一章　总　则

第一条　为了加强对食盐的管理，保障食盐科学加碘工作的有效实施，确保食盐质量安全和供应安全，保护公民的身体健康，制定本办法。

第二条　国家实行食盐专营管理。

本办法所称食盐，是指直接食用和制作食品所用的盐。

第三条　本办法适用于中华人民共和国境内的食盐生产、销售和储备活动。

第四条　国务院盐业主管部门主管全国盐业工作，负责管理全国食盐专营工作。县级以上地方人民政府确定的盐业主管部门负责管理本行政区域的食盐专营工作。

国务院食品药品监督管理部门负责全国食盐质量安全监督管理。县级以上地方人民政府确定的食盐质量安全监督管理部门负责本行政区域的食盐质量安全监督管理。

第五条　盐业主管部门应当加强对工业用盐等非食用盐的管理，防止非食用盐流入食盐市场。

第六条　国务院盐业主管部门应当会同有关部门加强对食盐生产、批发企业及其董事、监事、高级管理人员的信用管理，建立健全信用信息记录、公示制度，提高食盐行业信用水平。

第七条　依法成立的盐业行业组织依照法律、行政法规和章程，保护企业合法权益，加强行业自律，促进企业守法、诚信经营，引导企业公平竞争。

第二章　食盐生产

第八条　国家实行食盐定点生产制度。非食盐定点生产企业不得生产食盐。

第九条　省、自治区、直辖市人民政府盐业主管部门按照统一规划、合理布局的要求审批确定食盐定点生产企业，颁发食盐定点生产企业证书，及时向社会公布食盐定点生产企业名单，并报国务院盐业主管部门备案。

第十条　食盐定点生产企业和非食用盐生产企业应当建立生产销售记录制度，如实记录并保存相关凭证。记录和凭证保存期限不得少于2年。

食盐应当按照规定在外包装上作出标识，非食用盐的包装、标识应当明显区别于食盐。

第十一条　禁止利用井矿盐卤水熬制食盐。

第三章　食盐销售

第十二条　国家实行食盐定点批发制度。非食盐定点批发企业不得经营食盐批发业务。

第十三条　省、自治区、直辖市人民政府盐业主管部门按照统一规划、合理布局的要求审批确定食盐定点批发企业，颁发食盐定点批发企业证书，及时向社会公布食盐定点批发企业名单，并报国务院盐业主管部门备案。

食盐定点生产企业申请经营食盐批发业务的，省、自治区、直辖市人民政府盐业主管部门应当确定其为食盐定点批发企业并颁发食盐定点批发企业证书。

第十四条　食盐定点批发企业应当从食盐定点生产企业或者其他食盐定点批发企业购进食盐，在国家规定的范围内销售。

食盐定点批发企业在国家规定的范围内销售食盐，任何单位或者个人不得阻止或者限制。

第十五条　食盐定点批发企业应当建立采购销售记录制度，如实记录并保存相关凭证。记录和凭证保存期限不得少于2年。

第十六条　食盐零售单位应当从食盐定点批发企业购进食盐。

第十七条　食盐价格由经营者自主确定。

县级以上地方人民政府价格主管部门应当加强对食盐零售价格的市场日常监测。当食盐价格显著上涨或者有可能显著上涨时，省、自治区、直辖市人民政府可以依法采取价格干预或者其他应急措施。

第十八条　县级以上地方人民政府应当根据实际情况，采取必要措施，保障边远地区和民族地区的食盐供应。

第十九条　禁止销售不符合食品安全标准的食盐。

禁止将下列产品作为食盐销售：

（一）液体盐（含天然卤水）；

（二）工业用盐和其他非食用盐；

（三）利用盐土、硝土或者工业废渣、废液制作的盐；

（四）利用井矿盐卤水熬制的盐；

（五）外包装上无标识或者标识不符合国家有关规定的盐。

第四章　食盐的储备和应急管理

第二十条　省、自治区、直辖市人民政府盐业主管部门应当根据本行政区域食盐供需情况，建立健全食盐储备制度，承担政府食盐储备责任。

第二十一条　食盐定点生产企业和食盐定点批发企业应当按照食盐储备制度要求，承担企业食盐储备责任，保持食盐的合理库存。

第二十二条　盐业主管部门应当会同有关部门制定食盐供应应急预案，在发生突发事件时协调、保障食盐供应。

第五章　监督管理

第二十三条　盐业主管部门依法履行监督检查职责，可以采取下列措施：

（一）向有关单位和个人了解情况；

（二）查阅或者复制有关合同、票据、账簿、购销记录及其他有关资料；

（三）查封、扣押与涉嫌盐业违法行为有关的食盐及原材料，以及用于违法生产或者销售食盐的工具、设备；

（四）查封涉嫌违法生产或者销售食盐的场所。

采取前款第三项、第四项规定的措施，应当向盐业主管部门主要负责人书面报告，并经批准。

盐业主管部门调查涉嫌盐业违法行为，应当遵守《中华人民共和国行政强制法》和其他有关法律、行政法规的规定。

第二十四条　盐业主管部门、食盐质量安全监督管理部门应当各司其职，加强协作，相互配合，通过政务信息系统等实现信息共享，建立健全行政执法协作配合制度。

盐业主管部门、食盐质量安全监督管理部门在监督管理工作中发现依法不属于本部门处理权限的涉嫌违法行为，应当及时移交有权处理的部门；有权处理的部门应当依法及时处理，并及时反馈处理结果。

第二十五条　盐业主管部门、食盐质量安全监督管理部门应当向社会公布本部门的联系方式，方便公众举报违法行为。

盐业主管部门、食盐质量安全监督管理部门接到举报，应当及时依法调查处理。对实名举报，盐业主管部门、食盐质量安全监督管理部门应当为举报人保密，并将处理结果告知举报人。

第六章　法律责任

第二十六条　有下列情形之一的，由县级以上地方人民政府盐业主管部门予以取缔，没收违法生产经营的食盐和违法所得。违法生产经营的食盐货值金额不足1万元的，可以处5万元以下的罚款；货值金额1万元以上的，并处货值金额5倍以上10倍以下的罚款：

（一）非食盐定点生产企业生产食盐；

（二）非食盐定点批发企业经营食盐批发业务。

第二十七条　有下列情形之一的，由县级以上地方人民政府盐业主管部门责令改正，处5000元以上5万元以下的罚款；情节严重的，责令停产停业整顿，直至吊销食盐定点生产、食盐定点批发企业证书：

（一）食盐定点生产企业、非食用盐生产企业未按照本办法规定保存生产销售记录；

（二）食盐定点批发企业未按照本办法规定保存采购销售记录；

（三）食盐定点批发企业超出国家规定的范围销售食盐；

（四）将非食用盐产品作为食盐销售。

第二十八条　有下列情形之一的，由县级以上地方人民政府盐业主管部门责令改正，没收违法购进的食盐，可以处违法购进的食盐货值金额 3 倍以下的罚款：

（一）食盐定点批发企业从除食盐定点生产企业、其他食盐定点批发企业以外的单位或者个人购进食盐；

（二）食盐零售单位从食盐定点批发企业以外的单位或者个人购进食盐。

第二十九条　未按照本办法第十条的规定作出标识的，由有关主管部门依据职责分工，责令改正，可以处 5 万元以下的罚款。

第三十条　经营者的行为违反本办法的规定同时违反《中华人民共和国食品安全法》的，由县级以上地方人民政府食盐质量安全监督管理部门依照《中华人民共和国食品安全法》进行处罚。

第三十一条　食盐定点生产企业、食盐定点批发企业违反本办法的规定，被处以吊销食盐定点生产、食盐定点批发企业证书行政处罚的，其法定代表人、直接负责的主管人员和其他直接责任人员自处罚决定作出之日起 5 年内不得从事食盐生产经营管理活动，不得担任食盐定点生产企业、食盐定点批发企业的董事、监事或者高级管理人员。

食盐定点生产企业、食盐定点批发企业违反前款规定聘用人员的，由盐业主管部门责令改正；拒不改正的，吊销其食盐定点生产、食盐定点批发企业证书。

第三十二条　违反本办法的规定，构成违反治安管理行为的，依法给予治安管理处罚；构成犯罪的，依法追究刑事责任。

第三十三条　盐业主管部门以及其他有关部门的工作人员滥用职权、玩忽职守、徇私舞弊，构成犯罪的，依法追究刑事责任；尚不构成犯罪的，依法给予处分。

第七章　附　则

第三十四条　除本办法的规定外，食盐质量安全监督管理、食盐加碘工作还应当依照有关法律、行政法规的规定执行。

第三十五条　渔业、畜牧用盐管理办法，由国务院盐业主管部门会同国务院农业行政主管部门另行制定。

第三十六条　本办法自公布之日起施行。1990 年 3 月 2 日国务院发布的《盐业管理条例》同时废止。

五、盐业管理条例（修订送审稿）

第一章 总 则

第一条 为了加强盐资源的保护和开发，加强盐业管理，促进盐业健康可持续发展，保证盐的正常运销，适应经济社会发展和人民生活的需要，制定本条例。

第二条 在中华人民共和国境内从事盐资源开发、盐业生产和运销活动，均须遵守本条例。

第三条 盐资源属于国家所有，国家对盐资源实行保护。具体管理办法，按照国家有关规定执行。

第四条 国务院盐业主管机构负责主管全国盐业工作。

省及省级以下人民政府盐业主管机构负责主管本行政区域内的盐业工作。

第五条 国家鼓励盐业的科学研究和先进技术的推广；对于在盐业科学技术研究和运用方面作出显著成绩的单位和个人，应当给予表彰和奖励。

第二章 资源开发

第六条 开发盐资源（包括利用海水制盐、开发岩盐、湖盐和天然卤水制盐），必须遵守国家有关矿产资源开发、土地管理、环境保护、固定资产投资及其他有关法律、法规。

第七条 国家对开发盐资源实行统筹规划，合理布局。

国家鼓励开发盐资源，发展盐业生产，地方人民政府予以扶持。

第八条 开发盐资源（矿盐除外），开办制盐企业（含非制盐企业开发盐资源，下同），必须经省级盐业主管机构审查同意，报省、自治区、直辖市人民政府批准。

开采矿盐（包括岩盐、湖盐和天然卤水），必须按照《中华人民共和国矿产资源法》的有关规定，领取采矿许可证。

制盐企业固定资产投资项目，应当按照国家关于固定资产投资的有关规定办理。

第九条　盐业企业与其他单位和个人之间在资源使用权和土地所有权、使用权上的争议，由当事人协商解决；协商不成的，应当分别按照《中华人民共和国矿产资源法》《中华人民共和国土地管理法》的规定，由有关人民政府处理。

第三章　盐场（厂、矿）保护

第十条　为了保证国家对盐资源的开发利用，维护制盐企业的正常生产，划定合理的海盐场保护区和湖盐场（厂）保护区。

海盐场防护堤临海面的一定区域和纳潮排淡沟道两侧的一定区域划为海盐场保护区。保护区具体界限的划定，由海盐场所在地省级盐业主管机构提出方案，报省级人民政府批准。

湖盐场（厂）开发的盐湖边缘向外一定区域划为湖盐场（厂）保护区。保护区具体界限的划定，由湖盐场（厂）所在地省级盐业主管机构会同省级国土资源主管部门提出方案，报省级人民政府批准。

第十一条　任何单位和个人不得在海盐场保护区内兴建小虾池、小盐田以及非法进行其他有损海盐场的活动。

任何单位和个人不得破坏湖盐场（厂）保护区内的防护林带、植被和其他防护设施。

第十二条　制盐企业的下列财产和设施受国家法律保护，任何单位和个人不得破坏、侵占、盗窃、哄抢：

（一）制盐企业依法使用的土地、滩涂和盐矿资源；

（二）海盐场防护堤和纳潮排淡沟道；

（三）制盐企业的生产工具、设备和产品；

（四）制盐企业已开采的盐矿石（包括共生、伴生矿石）和卤水，已纳入盐田的海水、各级卤水，盐田中的卤虫、鱼虾、微藻等盐田生物。

第十三条　制盐企业所在地的公安机关应当加强盐区治安保卫工作，以维护盐区正常的生产秩序。

盐区治安管理的具体问题，由县级以上（含县级，下同）盐业主管机构与同级公安机关共同协商解决。

第四章　生产管理

第十四条　制盐企业必须加强企业管理，提高技术水平，降低消耗，增加效益。

第十五条　制盐企业必须严格按照国家有关规定，加强质量监督检测工作，不符合质量和卫生标准的产品不准出企业。

第十六条　禁止利用盐土、硝土和工业废渣、废液加工制盐。但以盐为原料的碱厂综合利用资源加工制盐不在此限。

工业盐生产经营企业应当建立、保存完整的生产和销售记录，严格防止工业盐流入食盐市场。生产和销售记录保存时限不得少于两年。

工业盐等非食盐产品必须在外包装上用中文标明“工业用盐　禁止食用”或者“非食用盐　禁止食用”。

第十七条　国家鼓励制盐企业综合利用盐资源，发展盐化工和水产养殖等多品种生产。

第五章　运销管理

第十八条　食盐的批发业务，由取得食盐批发许可证的企业经营。

第十九条　零售食盐的单位应当保持合理库存，不得脱销。

第二十条　运输部门应当将盐列为重要运输物资，对食用盐的运输应当重点保证。

第二十一条　海盐产区应当按照国家规定建立以丰补歉的平衡盐储备制度，盐的销区应当按照国家规定建立食用盐储备制度。

第六章　法律责任

第二十二条　违反本条例第八条规定，擅自开发盐资源、开办制盐企业的，由地方人民政府或地方有关行政主管部门按照国家有关规定处理。

第二十三条　非法侵占制盐企业依法使用的土地、滩涂，擅自进入国家划定的盐业企业的矿区采矿的，按照国家有关土地管理、矿产资源管理的法律、法规处理。

第二十四条　违反本条例第十一条、第十二条第二项、第三项、第四项规定的，盐业主管机构有权制止，责令其赔偿损失，没收其非法所得，并可处以不超过非法所得额五倍的罚款。

第二十五条　违反本条例第十五条、第十六条规定的，盐业主管机构、食品药品监管机构、卫生计生主管部门按照他们的职责分工，有权予以制止，责令其停止销售，没收其非法所得，并可处以货值金额十倍以上二十倍以下的罚款；情节严重的，提请工商行政管理机关吊销其营业执照。

第二十六条　当事人对盐业主管机构作出的行政处罚决定不服的，可以在知道该处罚决定之日起六十日内向该盐业主管机构的本级人民政府或者上一级盐业主管机构申请复议。行政复议机关应当在受理复议申请之日起六十日内作出复议决定。申请人对复议决定不服的，可以在收到复议决定书之日起十五日向人民法院起诉。当事人直接向人民法院提起行政诉讼的，应当在知道做出行政处罚决定之日起六个月内提出。

第二十七条　违反本条例规定，构成犯罪的，依法追究刑事责任。

第七章　附　则

第二十八条　省、自治区、直辖市人民政府可以根据本条例制定实施办法。

第二十九条　本条例自 2017 年　月　日起施行。

重要术语索引表

后　记

食盐虽然是小产品，却关系到千家万户的餐桌和健康饮食，盐业体制改革是与每家每户密切相关的大事情。受国家发展改革委体改司委托，我们分别对《盐业体制改革方案》实施后的2017年和2018年我国食盐市场进行了调查研究，对《盐业体制改革方案》实施的总体状况进行总结和评估。本书正是基于连续两年的摸底调查所做的系统总结。在研究过程中，我们得到各级盐业政府管理部门、行业协会、盐业公司、盐业生产企业、研究院所和高校的领导、专家学者的指教，在此表示感谢。

2014年初，我们就在盐行业开展盐业发展政策和食盐市场改革相关研究，先后调研了全国各地盐业公司和食盐定点生产企业，与盐行业的领导、专家结下了深厚友谊。近两年来，我们又深入调研了各地食盐生产经营企业和食盐消费市场，走访了老朋友，结识了新朋友，开展了大量座谈交流、实地考察和现场观察，得到了他们热情的指教，使我们对盐行业和盐业生产经营企业的认识和理解不断提升，对盐业体制改革和盐业企业创新发展的思考和研究不断深入。因此，本书凝聚着众多领导和专家的真知灼见，在此一并表示感谢。

2017年1月14日，在国家《盐业体制改革方案》刚刚实施之际，北京物资学院和中国盐业总公司共同推动成立了中国盐业研究中心，主要聚焦于中国盐业发展政策与食盐市场营销、盐业信息化和盐产品开发与检测，以盐业发展需求为依托开展研究，服务盐业发展，力争建设成为中国盐业发展的新型智库。中国盐业研究中心成立两年多来，一直得到北京物资学院、中国盐业总公司的关注和支持，在此表示感谢！

本书凝聚着所有团队成员的辛苦和汗水，研究过程中的每一次讨论和争辩，不仅使我们的研究逐步完善和深入，也升华了我们的相互沟通与理解。学无止境，友谊地久天长！我们将继续关注盐行业的发展，不断拓展和深化我们的研究。

北京物资学院中国盐业研究中心

2019年10月